교회를 세우기 위한 왕의 복음서

마태복음(상)

서 문

마태복음은 신약성경의 첫 번째이며, 4권의 복음서 중에서 가장 앞섭니다. 마태복음은 다른 복음서에 비해 가장 일반적으로 인용되고 사용됩니다. 예를 들어, 교회 안에서 '주기도문'에 있어서도 누가복음의 본문보다는 마태복음의 본문을 선호합니다(마 6:9-13, 눅 11:2-4). 그러나 바른 마태복음의 읽기를 위해서는 두 가지가 전제되어야 합니다.

첫째, 다른 복음서와의 비교입니다. 마태복음의 탁월한 위치와 인정됨에도 불구하고 다른 복음서와 비교할 때에 마태복음 본연의 바른 메시지를 읽을 수 있습니다. 복음서의 각기 다른 차이를 이해하지 못하면 개별 기사에 대한 이해는 있을 수 있어도 마태복음의 메시지가 있음을 깨닫지 못하게 됩니다.

둘째, 마태복음의 구조 이해입니다. 마태복음과 다른 복음서의 비교가 마태복음의 외적인 이해라면 마태복음의 구조는 마태복음의 내적인 이해가 됩니다. 마태복음의 구조적 이해는 다른 여러 견해들이 있어 통일하기는 어렵지만 '구조는 곧 메시지' 임을 깨달아야 합니다. 다른 복음서 및 성경의 구조가 주는 의미가 있지만 특별히 마태복음은 탁월한 구조적인 특성을 가지고 있습니다. 매우 정교하며 세밀한 구조는 탁월하고 섬세한 건축물을 보는 것과 같습니다.

오늘날까지 고전적이면서 가장 많이 받아들여지는 마태복음의 편집 구조는 베이컨(Bacon)의 '오경 구조설'이 있습니다.[1] 베이컨은 그의 『마태복음 연구』(Studies in Matthew)에서 마태복음은 5개의 설교로서 오경적 구조로 구성되어 있다고 주장하였습니다. 이 다섯 개의 설교문은 산상수훈(5-7장), 제자 파송 설교(10장), 천국 비유 설교(13장), 공동체 규정 설교(18장), 종말에 관한 설교(24-25장)이며 각각의 설교는 동일한 종결 후렴 문구인 '예수께서 이 말씀을 마치시매'로 끝나고 있다는 것입니다(7:28, 11:1, 13:53, 19:1, 26:1). 이러한 오경적 구조 안에서 마태복음을 '기사와 강화'로 볼 수 있습니다.

마태복음의 또 다른 편집 구조이론들에는 이분 구조설과 삼분 구조설과 교차 대구법적 구조설이 있습니다.[2] 이분 구조설은 마태복음을 크게 두 부분 1-12장, 13-28장으로 나누어 그리스도의 책과 교회의 책으로 구분하는 것이며, 삼분 구조설은 4장17절과 16장21절의 "이 때부터 예수께서..."라는 구절이 마태복음을 삼분화한다는 것입니다. 그러나 이러한 견해는 마태복음의 구조를 지극히 단순화한 나머지 마태복음의 구조적인 의미를 제대로 전해 주지 못하며 더욱이 앞선 오경적 구조설의 의미를 살려주지 못합니다.

---

1) B. W. Bacon, "The 'Five Books' of Matthew against the Jews", The Expositor(Hodder & Stoughton, Kent), 8th Series 15(1918), pp. 56-66. 이 논문 이후에 Bacon이 두각을 나타낸 책은 Studies in Matthew (New York, 1930).

2) 박수암, 『마태복음』(서울: 기독교서회, 2004), 36-38쪽.

이제 마태복음을 바라보는 또 다른 시각으로 교차 대구법적인 구조설은 오경적 구조설을 손상시키지 않고 자연스럽게 이어받으며 또한 이를 발전시킵니다. 곧 마태복음의 오경적 구조는 내적인 교차 대칭을 가집니다. 첫 번째 산상설교는 천국에 들어감을 주제로 삼으며 마지막 종말 설교는 천국의 도래를 주제로 합니다. 두 번째 제자 파송 설교는 제자 파송을 주제로 삼으며 네 번째 공동체 규정 설교는 사도들의 목회에 연관되어 대칭을 이룹니다. 이러한 대칭적인 구조 안에서 마태복음 13장은 마태복음의 중심적인 메시지에 위치합니다.

마태복음의 몇 가지 특성을 살피면 다음과 같습니다.

첫째, 마태복음은 일차적으로 유대 그리스도인을 위한 복음서입니다. 많은 구약의 인용과 성취는 유대 그리스도인에게 익숙합니다. '하나님 나라'를 '하늘 나라'라 함도 유대 그리스도인의 성향을 배려함입니다. 율법을 폐하러 온 것이 아닌 완전케 하심은 유대 그리스도인에게는 자기 정체성의 말씀이 됩니다. 금식과 안식일, 성전세 등은 유대 그리스도인들에게 더 관심이 있었던 문제들입니다. 예수님께서는 많은 논쟁을 통해서 유대교와 차별을 선언하시지만 이는 온전한 성취의 말씀입니다. 이러한 면에 있어서 예수님께서는 산에서 말씀을 받았던 모세보다 더 뛰어난 분으로 산에서 말씀을 선포하십니다. 유대 그리스도인을 위한 복음서는 많은 구약의 인용과 성취로 말미암아 복음을 보다 성경적으로 이해하고자 하는 자들에게 유익합니다.

둘째, 마태복음은 교회를 위한 복음서입니다. 마태복음에는 복음서 가운데 유일하게 교회에 대한 언급이 나옵니다(마 16:18). 마태복음은 교회를 세움에 있어, 새로운 신자들을 믿음으로 양육하고 훈련함에 있어서 유익합니다. 예수님의 3대 사역이 무엇인지를 배우며(5-13장), 교회의 정체성을 알게 하며(16장) 공동체를 세우며(18장), 마지막 지상 대명령의 메시지(마 28:18-20) 또한 교회를 세움과 깊은 관련을 가집니다.

셋째, 마태복음은 선교를 위한 복음서입니다. 예수님의 사역은 제자들을 파송하심으로 제자들에게 이어집니다(10장). 복음은 '이스라엘 집의 잃어버린 양에게'에서(마 10:6) '모든 민족에게' 확장됩니다(마 28:19). 이는 교회 공동체의 배타성과 한계를 뛰어넘을 것을 도전하는 것입니다. 마태복음은 가장 유대적인 복음서이면서도 가장 반유대적인 복음서가 됩니다. 이는 율법의 성취이며, 사명입니다.

마태복음의 주제는 세례 요한(3:2), 예수님(4:17), 제자들(10:7)에게 연속되는 메시지 속에서 찾을 수 있습니다. 그것은 천국의 선포와 회개의 촉구입니다. 이는 개별적인 두 개의 메시지가 아니라 긴밀한 상호 관련된 메시지를 전합니다. 천국은 회개를 전제로 하며 회개는 천국을 약속합니다. 세례 요한과 예수님의 언어는 동일하며, 제자들을 향한 말씀에서는 이러한 회개의 촉구가 전제되어 있습니다.

교회가 가장 선호하면서도 귀히 여겼던 이 복음서를 열며 마태복음 본연의 메시지를 들음으로 마태복음에 부여된 사명이 온전히 성취되기를 기원합니다.

차 례

제1부　　**탄생과 시작(1장~4장)**

제 1 과　　예수 그리스도의 계보(1장1-17절) ························· 11
제 2 과　　예수 그리스도의 나심(1장18-25절) ························ 20
제 3 과　　동방 박사들의 방문(2장1-12절) ·························· 29
제 4 과　　애굽의 피신과 귀환(2장13-23절) ························· 38
제 5 과　　광야의 외치는 자의 소리(3장1-17절) ····················· 45
제 6 과　　시험받으신 예수님 1(4장1-11절) ························· 55
제 7 과　　시험받으신 예수님 2(4장1-11절) ························· 64
제 8 과　　공생애의 시작(4장12-25절) ····························· 75

제2부　　**3대 사역(5장~10장)**

제 9 과　　팔복 1(5장1-12절) ····································· 83
제 10 과　　팔복 2(5장1-12절) ····································· 91
제 11 과　　팔복 3(5장1-12절) ····································· 100
제 12 과　　소금과 빛 1(5장13-16절) ······························ 106
제 13 과　　소금과 빛 2(5장13-16절) ······························ 114
제 14 과　　율법의 완성자(5장17-20절) ···························· 122
제 15 과　　6가지 반대 명제 1(5장21-32절) ························· 127
제 16 과　　6가지 반대 명제 2(5장33-48절) ························· 133
제 17 과　　외식하는 자(6장1-18절) ······························ 141
제 18 과　　주기도문 1(6장9-15절) ································ 148

제 19 과   주기도문 2(6장9-15절) ······························· 155
제 20 과   보물을 하늘에 쌓아두라(6장19-34절)1 ·············· 162
제 21 과   비판하지 말라(7장1-12절) ···························· 168
제 22 과   좁은 문으로 들어가라(7장13-29절) ················· 174
제 23 과   나병환자를 고치심(8장1-4절) ······················ 182
제 24 과   백부장의 믿음(8장5-13절) ·························· 191
제 25 과   베드로의 장모를 고치심(8장14-17절) ············· 197
제 26 과   예수를 따르는 자의 각오(8장18-22절) ············· 202
제 27 과   이이가 어떠한 사람이기에(8장23-24절) ··········· 208
제 28 과   중풍병자를 고치심(9장1-8절) ····················· 215
제 29 과   마태를 부르심(9장9-13절) ························· 223
제 30 과   금식 논쟁(9장14-17절) ···························· 230
제 31 과   추수할 일꾼(9장18-38절) ·························· 237
제 32 과   제자 파송 설교 1(10장1-15절) ···················· 243
제 33 과   제자 파송 설교 2(10장16-33절) ··················· 251
제 34 과   제자 파송 설교 3(10장34-11장1절) ··············· 256

제3부 **선포와 배척(11장~15장)**

제 35 과   세례 요한의 질문(11장2-19절) ····················· 265
제 36 과   수고하고 무거운 짐 진 자들아(11장20-30절) ········ 273
제 37 과   안식일의 주인(12장1-8절) ························· 280
제 38 과   안식일에 손 마른 자를 고치심(12장9-21절) ········· 287
제 39 과   바알세불 논쟁(12장22-37절) ······················ 293
제 40 과   표적을 구함(12장38-45절) ························· 300
제 41 과   하나님 나라의 영적 가족(12장46-50절) ············· 305

참고문헌 ·· 310

마태복음의 구조

서론			천국 복음 (갈릴리 중심 활동)						십자가 복음 (예루살렘 중심 활동)					결론	
1부			2부			3부			4부			5부		6부	
탄생		시작	3대 사역			선포와 배척			상경기			입성		죽음	부활
예수 그리스도의 계보 / 탄생	동방 박사의 방문 / 피신과 귀환	공생애 준비와 시작	첫 번째 설교 / 산상수훈	10가지 이적들	두 번째 설교 / 제자 파송 설교	배척 1	세 번째 설교 / 천국 비유 설교	배척 2	수난의 예고	네 번째 설교 / 공동체 규정 설교	예루살렘 상경	예루살렘 입성 / 논쟁	다섯 번째 설교 / 감람산 강화	예수님의 수난	예수님의 부활
1장	2장	3-4장	5-7장	8-9장	10장	11-12장	13장	14-15장	16-17장	18장	19-20장	21-23장	24-25장	26-27장	28장

마태복음 (상)

제1부

탄생과 시작
(1-4장)

PART

01

예수 그리스도의 계보
1장1~17절

Key Point

마태복음은 예수 그리스도의 계보에 관한 말씀으로부터 시작합니다. 이는 예수 그리스도의 계보를 통해서 그가 누구이신가를 밝히시는 것입니다. 예수 그리스도는 아브라함과 다윗의 자손으로 두 언약을 성취하시며 새로운 시대를 여십니다.

본문 이해

■ 마태복음의 개요

이방인을 위하여 이방인의 사도인 바울이 있었다면, 유대인을 위하여 유대인의 사도 마태가 있다는 말은 틀린 말이 아닙니다. 마태는 자신의 복음서에 자신을 '세리 마태'라고 소개하지만 교부들은 마태를 '서기관 마태'라고 하였습니다. 마태복음은 정교한 집과 같은 구조를 가지고 있으며, 매우 체계적으로 기록되어 있어 우리들에게는 마치 한 권의 '정리 노트'가 주어진 것과 같다 할 수 있습니다. 예수님의 행적 가운데 수제자라 여겨지는 베드로가 특별나지만 이 모든 일을 기록함에 있어서는 오히려 마태의 손길을 통해서 이루어짐은 참으로 오묘합니다.

유대 그리스도인을 위한 복음서인 마태복음은 처음부터 유대인의 왕이신 예수 그리스도를 선포하지만 십자가 위에서 유대인의 왕이신 예수는 죽고 만왕의 왕이 되십니다. 10개의 구약 인용문의 성취, 유대적인 배경은 복음을 견고하게 세우기 위한 시작과 출발점이 되어 결국 마태복음은 오히려 교회를 위한 왕의 복음서가 됩니다.

마태복음은 크게 6부분으로 나눌 수 있습니다. 제1부는 1-4장으로 '예수 그리스도의 탄생'과 '공생애의 준비와 시작'에 관한 말씀으로 이는 마태복음의 서론이 됩니다. 제2부는 5-10장이며 예수님의 3대 사역으로 '가르침'(5-7장), '치유'(8-9장), '선포'(10장)에 관한 말씀입니다. 제3부는 11-15장으로 '선포와 배척'의 말씀이며 이는 예수 그리스도의 사역의 결과가 어떠했는가를 잘 보여줍니다. 곧 13장의 하나님 나라 비유를 통한 예수 그리스도의 선포를 중심으로 전후로 배척의 모습을 볼 수 있습니다. 제4부는 16-20장으로 '상경기', 제5부는 21-25장으로 '입성', 마지막 제6부는 26-28장으로 예수 그리스도의 십자가 죽음과 부활의 말씀으로 이는 마태복음의 결론의 말씀입니다.

유일하게 교회에 관하여 말씀하시는, 교회를 위한 복음서인 마태복음이 복음서 중에 가장 앞에 위치함은 우연일 수 없습니다. 교회를 세우는 복음서인 마태복음, 환난 가운데 있는 자를 위로하는 마가복음, 신앙의 깊이와 넓이를 확장케 하는 누가복음, 베드로의 신앙고백을 넘어 도마의 신앙고백을 선포하며, 생명과 풍성함을 주는 요한복음. 사복음서는 왕이시며 동시에 종이시며, 사람이시며 동시에 하나님이신 예수 그리스도를 통하여 우리의 믿음과 신앙을 세우는 신앙의 여정입니다. 이제 이 첫걸음을 마태복음과 함께 합니다.

■ 예수 그리스도의 탄생

마태복음 1-2장은 예수 그리스도의 탄생에 관한 말씀입니다. 그 안에는 '예수 그리스도의 계보', '탄생', '동방박사들의 방문', '애굽으로의 피신과 귀환'의 큰 4가지 이야기를 담고 있습니다. 곧 예수 그리스도의 탄생은 아브라함과 다윗의 자손의 **'계보'**와 요셉을 통한 **'계시'**와 동방박사들의 **'선포'**와 애굽으로의 피신과 귀환의 **'행적'**으로 예수 그리스도에 관하여 증거합니다.

■ 마태복음 1-2장의 구조적 이해

　마 1:1-17: 예수 그리스도의 계보

　마 1:18-25: 예수 그리스도의 탄생

　마 2:1-12: 동방박사의 방문

　마 2:13-23: 애굽으로의 피신과 귀환

1. 예수님 족보의 표제를 살펴봅시다(1절).

"아브라함과 다윗의 자손 예수 그리스도의 계보라"(1절)

마태복음은 예수님의 계보에 관한 말씀으로 시작합니다. 특별히 예수님의 계보를 아브라함과 다윗의 자손으로 밝힘으로 예수님께서 이 땅에 오심은 두 언약이 되는 **'아브라함 언약'**과 **'다윗 언약'**의 성취자로 이 땅에 오심을 알게 하시는 것입니다.

아브라함의 언약은 창세기 12장1-3절의 성취입니다.

"여호와께서 아브람에게 이르시되 너는 너의 고향과 친척과 아버지의 집을 떠나 내가 네게 보여 줄 땅으로 가라 내가 너로 큰 민족을 이루고 네게 복을 주어 네 이름을 창대하게 하리니 너는 복이 될지라 너를 축복하는 자에게는 내가 복을 내리고 너를 저주하는 자에게는 내가 저주하리니 땅의 모든 족속이 너로 말미암아 복을 얻을 것이라 하신지라"(창 12:1-3)

아브라함 언약은 '네 씨로 말미암아 천한 만민이 복을 받으리니'라는 언약입니다(창 22:18, 갈 3:16).

"이 약속들은 아브라함과 그 자손에게 말씀하신 것인데 여럿을 가리켜 그 자손들이라 하지 아니하시고 오직 한 사람을 가리켜 네 자손이라 하셨으니 곧 그리스도라"(갈 3:16)

다윗 언약의 성취는 사무엘하 7장12절에 근거합니다.

"네 수한이 차서 네 조상들과 함께 누울 때에 내가 네 몸에서 날 네 씨를 네 뒤에 세워 그의 나라를 견고하게 하리라"(삼하 7:12)

곧 아브라함과 다윗의 자손 예수 그리스도께서는 천한 만민이 복을 얻게 하시며 더 나아가 그 나라를 견고하게 통치하시고 다스리시는 것입니다.

2. 아브라함으로부터 다윗까지의 계보를 살펴봅시다(2-6절).

마태복음은 아브라함으로부터 그리스도까지의 계보를 14대씩 크게 세 부분을 나누었습니다(17절). 첫 번째 14대는 아브라함으로부터 다윗까지입니다.

아브라함-이삭-야곱-유다-베레스-헤스론-람-아미나답-나손-살몬-보아스-오벳-이새-다윗

첫 번째 14대에는 다음과 같은 특징이 있습니다.

첫째, 유다와 그의 형제들에 대한 언급입니다. 이는 그리스도의 계보가 야곱의 아들 유다를 통해서 낳음을 밝힘과 동시에 그의 형제들에 대한 언급을 통해서 이스라엘이 12지파로 이루어진 공동체임을 밝힙니다. 유다에게서 날 그리스도는 온 이스라엘의 주권자가 되실 것입니다.

둘째, 여인들에 대한 언급입니다(다말, 라합). 유다는 다말에게서 베레스와 세라를 낳고 살몬은 라합에게서 보아스를 낳았습니다. 구속사에 있어 이방 여인들의 언급은 복음이 민족적인 한계를 뛰어넘어 전해질 것을 교훈하며, 특별히 이들은 한편으로는 인간의 죄악상을 드러내며, 다른 한편으로는 죄인에게 베풀어주신 하나님의 구속의 은혜를 밝힙니다.

셋째, 다윗 왕에 대한 언급입니다(6절). 예수 그리스도의 계보에 있어 다윗에게는 특별한 호칭으로 왕이라고 하였습니다. 이는 그리스도께서

이 땅에 오심은 왕위의 계승자이심을 밝히시는 것입니다.

3. 다윗으로부터 바벨론으로 사로잡혀 갈 때까지의 계보를 살펴봅시다(6-11절).

두 번째 14대에 대한 언급입니다.

다윗-솔로몬-르호보암-아비야-아사-여호사밧-요람-웃시야-요담-아하스-히스기야-므낫세-아몬-요시야-여고냐

두 번째 14대는 다음과 같은 특징을 가집니다.

첫째, 우리야의 아내의 언급입니다. 우리야의 아내인 밧세바의 직접적인 언급이 아닌 그가 우리야의 아내임을 밝힘으로 다윗의 죄를 적나라하게 드러냅니다. 이는 다윗을 왕으로 소개함으로 그를 높임과 대조됩니다. 인간의 죄악을 드러냄에 주저함이 없음으로 죄인들을 통해 행하신 하나님의 은혜를 밝힙니다.

둘째, 생략된 왕들을 통한 교훈입니다. 첫 번째 14대가 신정통치라면 두 번째 14대는 왕정 통치의 특징을 가집니다. 그런데 여기에는 생략된 왕들이 있습니다. 먼저 요람과 웃시야 사이에 4명의 왕이 있습니다. 혈통적으로 단절된 아달랴를 제외하고도 3명의 왕들 이름을 생략하였습니다.

17

요람-(아하시야, 아달랴, 요아스, 아마샤)-웃시야

이는 북이스라엘 아합의 딸인 아달랴를 통한 자손 3대의 이름을 제거한 것입니다.

또한 요시야와 여고냐 사이에 3명의 왕이 있습니다.

요시야-(여호아하스, 여호야김, 시드기야)-여고냐

요시야의 네 번째 아들인 여호아하스, 두 번째 아들인 여호야김, 세 번째 아들인 시드기야의 이름이 생략되고 여호야김의 아들이며, 요시야의 손자인 여고냐로 직접 연결되고 있습니다(대상 3:15). 백성에 의해서 세워진 여호아하스, 애굽에 의해서 세워진 여호야김, 바벨론에 의해서 세워진 유다의 마지막 통치자인 시드기야가 아닌 하나님께서는 여고냐를 통해서 그리스도의 계보가 이어지게 하셨습니다.

셋째, 여고냐와 그의 형제들에 대한 언급입니다. 이는 앞선 '유다와 그의 형제들'과 대칭이 됩니다. 이스라엘의 통치자가 야곱의 여러 아들들 중에서 유다를 통해서 나시듯이 요시야의 여러 아들들 가운데 그의 손자인 여고냐를 통해서 이 땅에 오셨습니다.

4. 바벨론으로 사로잡혀 간 후로부터 그리스도까지의 계보를 살펴봅시다(12-16절).

세 번째 14대에 대한 언급입니다.

여고냐-스알디엘-스룹바벨-아비훗-엘리아김-아소르-사독-아킴-엘리웃-엘르아살-맛단-야곱-요셉-그리스도

세 번째 14대는 다음과 같은 특징을 가집니다.

첫째, 세 번째 14대의 숫자적인 차이입니다. 세 번째 14대는 숫자적으로 13입니다. 여고냐는 바벨론으로 사로잡혀 갈 때와 바벨론으로 사로잡혀 간 후에 다시 언급되어 14를 채울 수 있습니다.

둘째, '낳고'와 '나시니라'의 차이입니다. 이전의 그리스도의 계보에 속한 자에 관하여서는 '낳고'라고 하였습니다. 그러나 그리스도는 누군가가 낳은 자가 아닌 '난' 자입니다. 그리스도를 '낳고'라는 아브라함의 혈통을 따라 이 땅에 오셨으나 '난' 자로서 사람의 혈통에서 초월하심을 보이십니다. 예수 그리스도는 아브라함과 다윗의 혈통을 따르셨지만 성육신하심은 사람에 의해서 난 자가 아님을 알게 하십니다.

5. 아브라함으로부터 그리스도까지의 14대의 구분을 살펴봅시다(17절).

마태가 그리스도의 계보를 14대로 구분함은 다윗의 알파벳 숫자의 합이 14이기 때문인지, 아니면 단순히 기억하기 쉽게 구분한 것인지, 또 다른 오묘한 섭리가 있는지 알 수 없습니다.

그러나 이러한 구분은 분명한 구분이 됩니다. 곧 첫 번째 14대는 이스라엘 역사의 태동기가 되며, 두 번째 14대 이스라엘 역사의 성숙기와 쇠퇴기이며 마지막 14대는 이스라엘 역사의 회복기가 됩니다.

각 14대의 마지막 인물은 이전 시대와 새로운 시대를 잇는 교량적인 역할을 합니다. 다윗은 이스라엘 역사에 있어 왕정 시대를 열었으며, 여고냐는 바벨론으로 사로잡혀 간 인물로서의 절망과 그의 신분의 복귀를 통해서 이스라엘의 회복에 대한 소망을 줍니다. 곧 그리스도는 이스라엘 역사의 종착역으로 새로운 시대를 여시는 것입니다.

묵상

01   예수 그리스도의 계보에 있어서 아브라함과 다윗은 어떠한 의미가 있습니까?

02   그리스도의 계보에 있어 추가된 여인들에 관한 언급과 생략된 왕들을 살펴봅시다.

03   '낳은' 자와 '난' 자를 통한 교훈을 나누어 봅시다.

되새김

예수 그리스도는 이 땅에 아브라함과 다윗의 자손으로 오셨습니다. 곧 예수 그리스도는 그를 믿는 자에게 생명을 주시는 참된 복이 되시며, 그에게 속한 자를 통치하시고 다스리시는 주권자가 되십니다. 예수 그리스도 안에서 다윗과 여고냐를 통해서 보이시는 바와 같이 새로운 시대가 열리는 것입니다.

PART

02

예수 그리스도의 나심
1장18~25절

Key Point

이전 과에서 예수 그리스도의 계보를 통해 예수 그리스도가 누구이신가에 관하여 알게 하셨다면 이번 과에서는 예수 그리스도의 나심을 통해 예수 그리스도가 이 땅에서 행하실 일들에 관하여 알게 하십니다. 우리들을 '구원하심'과 '함께 하심'이 예수 그리스도의 사역이며 이 땅에 오신 구체적인 목적이 됩니다.

본문 이해

　이번 과는 예수 그리스도의 계보에 이어 예수 그리스도의 탄생에 관한 말씀입니다. 예수 그리스도의 탄생에 마태복음은 요셉에 관하여, 누가복음은 마리아에 관한 이야기를 전합니다. 1과에서 혈통과 계보로 예수님을 증언하였다면 2과에서는 성육신한 아기 예수에 대한 계시와 요셉의 믿음과 신앙을 통해서 증언합니다. 또한 이번 과에서는 아브라함과 다윗의 자손 예수 그리스도의 '예수' 이름의 뜻과 '임마누엘'을 통해서 주께서 이 땅에 오신 이유와 의미에 관하여 알게 하십니다.

1. 요셉의 신앙에 관하여 살펴봅시다(18-25절, 2장13-23절).

　마태복음은 특징적으로 예수님의 나심에 요셉에 관한 이야기를 전해주고 있습니다. '요셉은 의로운 사람이라'는 한 구절의 평가는 그가 얼마나 뛰어난 믿음의 사람인가를 증거합니다. 예수님의 나심에 관련된 요셉의 뛰어난 믿음을 다음의 5가지로 정리하고자 합니다.

　우리는 성경을 통해서 요셉의 단 한마디의 말도 들을 수 없습니다. 성경에 이처럼 한 마디의 말도 없이 귀히 여김을 받는 사람이 있다는 것을 주목해 보아야 합니다. 요셉에게 맡겨진 일은 결코 사소한 일이 아니었습니다. 그럼에도 불구하고 그는 한 마디의 말도 없이 귀히 여김을 받습니다.

1. 생각을 걸러냄

우리 안에는 다양한 생각이 오고 갈 수 있습니다. 이러한 다양한 생각들 속에서 말씀이 있는 자들은 세상적인 생각을 걸려 내고 믿음의 생각을 하게 됩니다.

요셉의 상황은 도저히 믿음으로 생각할 수 있는 상황이 아니었습니다. 요셉은 한 여인과 약혼하였습니다. 그런데 자신과 정혼한 약혼녀인 마리아가 약 3개월 간 사라졌다가 나타났을 때에 임신한 것이 드러나게 되었습니다. 이 일이 내 삶에 이루어졌다고 하면 이는 도저히 받아들일 수 있는 일이 아닙니다. 그러나 말씀대로 그는 의로운 사람이었습니다. 그를 드러내지 않고 가만히 끊고자 하였습니다.

"이 일을 생각할 때에..."

분노를 조절하지 못함은 생각을 걸러내지 못함의 결과입니다. 조급함도 생각을 걸려내지 못함의 결과입니다.

2. 말씀 받음의 태도

두 번째 요셉의 의로움은 하나님의 말씀을 받음에 있었습니다. 요셉이 드러내지 않고 가만히 끊고자 할 때에, 이 일을 생각할 때에 주의 사자가 그에게 현몽하여 말씀하셨습니다.

"다윗의 자손 요셉아 네 아내 마리아 데려오기를 무서워하지 말라 그에게 잉태된 자는 성령으로 된 것이라 아들을 낳으리니 이름을 예수라 하라 이는 그가 자기 백성을 그들의 죄에서 구원할 자이심이라"(20-21절)

이는 하나님의 말씀에 대한 성취였습니다.

"보라 처녀가 잉태하여 아들을 낳을 것이요 그의 이름은 임마누엘이라 하리라"(23절, 사 7장14절)

요셉은 하나님의 말씀을 받을 때에 그대로 받았습니다. 말씀을 그대로 받는 일 외에 어떠한 일도 없었습니다. 믿음의 사람은 마치 배고픈 자가 먹는 것을 먹듯이, 갈증하는 자가 물을 마시듯, 하나님의 말씀을 그대로 받아들이는 것입니다. 우리는 말씀을 받을 때에 이러한 적극적인 사모함으로 받아야 합니다. 마치 밥을 먹기 싫어하는 아이가 억지로 그 밥을 먹듯이 하나님의 말씀을 받아서는 안됩니다.

3. 말씀의 순종
이제 요셉이 무엇을 행하였는가를 살펴야 합니다. 요셉은 머뭇거리지 않았습니다. 요셉은 말씀을 그대로 행하였습니다. 요셉은 주의 사자의 분부대로 행하여 그의 아내를 데려 왔습니다. 말씀이 있는 자의 특징은 이와 같이 말씀을 행하는 것입니다.

4. 말씀을 온전히 이룸

말씀이 있는 자는 말씀과 타협하지 않습니다. 말씀에 온전히 순종합니다. 요셉은 마리아를 데리고 옴으로 끝나는 것이 아니라 아들을 낳기까지 동침하지 않았습니다. 하나님의 말씀을 온전히 지키고 그는 인내하는 자가 되었습니다. 말씀을 온전히 이룬 자가 되었습니다.

5. 말씀의 인도하심을 받음

요셉은 계속적인 인도하심을 받게 됩니다. 동방의 박사들이 예수님께 경배하고 돌아간 후에 주의 사자가 요셉에게 다시 현몽하였습니다. 헤롯이 아기를 찾아 죽이려 하니 일어나 아기와 그의 어머니를 데리고 애굽으로 피하여 내가 네게 이르기까지 거기 있으라 하였습니다. 요셉은 일어나서 밤에 아기와 그의 어머니를 데리고 애굽으로 떠났습니다. 요셉은 아침까지 기다리지 않았습니다. 요셉은 그 밤에 온전히 순종하였습니다.

헤롯이 죽은 후에 주의 사자가 애굽에서 요셉에게 다시 현몽하여 일어나 아기와 그의 어머니를 데리고 이스라엘 땅으로 가라 아기의 목숨을 찾던 자들이 죽었느니라 하셨습니다. 요셉이 일어나 아기와 그의 어머니를 데리고 이스라엘 땅으로 들어갔습니다.

마지막으로 요셉은 헤롯을 이어 그의 아들 아켈라오가 유대의 임금이 됨으로 무서워할 때에 꿈에 지시하심을 받아 갈릴리 지방으로 떠나가 나사렛 동네에서 살았습니다.

　요셉의 말씀의 삶은 말씀의 인도하심을 받았음을 보게 됩니다. 그가 아내를 데려온 것도, 애굽으로 피신한 것도, 애굽에서 돌아온 것도, 나사렛에 가서 살게 된 것도 다 말씀의 인도하심을 받은 것입니다.

2. 예수님의 두 가지 이름에 관하여 살펴봅시다(21-23절).

　예수, 그의 이름에는 복음의 메시지가 담겨져 있습니다. 특별히 예수님의 나심에 관한 이야기를 전하며 예수님의 이름에 관하여 밝히고 있습니다. 앞선 예수 그리스도의 계보를 통해서 예수 그리스도가 누구이신가에 관하여 알게 하셨다면 이제 더욱 구체적으로 계시로 예수님이 누구이신가에 관하여 두 가지 이름을 통해서 밝힙니다.

　첫째 이름은 '예수'입니다.

　예수님의 이름을 통하여 그가 누구이시며 그가 무엇을 하실 것인가에 관하여 알게 하십니다. 예수는 히브리어로는 여호수아라는 말입니다. 이는 '여호와는 구원이시다'는 것입니다. 하나님께서는 우리들을 구원하신다는 것은 구약적인 가르침 속에서는 어렵지 않은 일입니다. 그러나 예수님께서는 우리들을 구원하시기 위하여 무엇을 하셨습니까? 우리들을 구원하시기 위하여 우리들의 구원자가 되시기 위하여 십자가를 지셔야 했습니다. 우리들을 구원하시기 이전에 먼저 구원자가 되시기 위하여 이 땅에 오셨다는 놀라운 사랑을 잊지 말아야 할 것입니다. 그

분이 오신 첫 번째 목적은 우리들의 구원자가 되시기 위하여 또한 우리들의 죄를 씻으시기 위하여 오셨음을 기억하여야 할 것입니다.

성경은 예수 그리스도의 유일성에 관하여 말씀하십니다. 예수 그리스도는 이 땅에 구원자로 오셨습니다. 여러 구원자 중의 한 사람으로 이 땅에 오신 것이 아닙니다. 우리들이 주님의 오심을 귀히 여기며, 감사한 것은 주께서는 유일한 구원자로 이 땅에 오셨기 때문입니다.

"다른 이로서는 구원을 얻을 수 없나니 천하 인간에 구원을 얻을 만한 다른 이름을 우리에게 주신 일이 없음이니라" (행 4:12)

세상은 이를 거절하려 합니다. 세상은 이를 부인하려 합니다. 예수 그리스도의 구원주가 되심을 거절하거나 또 다른 구원의 이름과 방법이 있음을 주장합니다. 그러나 성경은 유일한 구주가 바로 예수 그리스도이심을 알게 하십니다. 왜냐하면 그 분이 우리들을 죄를 대속하시기 위하여 십자가를 지시고 죽으셨기 때문입니다. 누구도 구원자가 될 만한 의로운 자가 없으며, 누구도 구원자가 되기 위하여 우리의 죄를 위하여 대신 죽은 자가 없으며, 누구도 우리들의 구원자가 되시기 위하여 다시 사신, 부활하신 자가 없기 때문입니다.

둘째 이름은 '임마누엘'입니다.
주님의 계획은 무엇입니까? 주님의 계획은 우리들의 죄를 씻으시고 구원하시는 것만이 아니라 우리와 함께 하시는 것입니다.

주의 사자는 요셉에게 예수님의 두 번째 이름에 관하여 알게 하십니다. "보라 처녀가 잉태하여 아들을 낳을 것이요 그의 이름은 임마누엘이라 하리라 하셨으니 이는 번역한즉 하나님이 우리와 함께 계시다 함이라"(23절)

주님께서 이 땅에 오신 것은 우리의 죄를 씻으시고 우리들과 함께 하시기 위하여 오신 것입니다. 이전에는 주님을 모시는 것이 불편할 수 있습니다. 그러나 이제는 죄를 짓는 것이 불편하게 될 것입니다. 참으로 그렇게 될 것입니다. 이것이 바로 영적인 변화입니다. 전에 불편한 것들이 조금씩 편해지는 것입니다. 전에 편했던 것이 조금씩 불편해지는 것입니다.

우리는 참으로 예수님의 이 땅에 오심을 반길 수 있어야 합니다. 왜 그렇습니까? 예수님의 오심의 목적을 알 때에 우리는 더욱 예수님을 환영할 수 있는 것입니다.

묵상

01 요셉의 의로움에 관하여 나누어 봅시다.

02 '예수'의 이름에 관하여 나누어 봅시다.

03 '임마누엘' 이름에 관하여 나누어 봅시다.

되새김

아브라함과 다윗의 자손 예수 그리스도는 큰 틀에서 예수 그리스도께서 이 땅에 오신 목적에 관하여 알게 하신다면 이를 더욱 구체적으로 알게 하시는 것이 바로 '예수'와 '임마누엘'의 이름입니다. 그분은 우리를 구원하심으로 우리들에게 생명을 주시며 '임마누엘'의 하나님으로 우리와 함께 하심으로 우리들을 다스리시는 것입니다.

PART

03

동방 박사들의 방문
2장1~12절

Key Point

아브라함과 다윗의 자손된 계보를 통한 언약의 성취자로서 예수 그리스도, 계시로 밝히신 그의 백성을 그들의 죄에서 구원하신 구원주되시며 임마누엘 되신 예수 그리스도에 이어 이번 과에서는 동방 박사들의 선포를 통해 이 땅의 왕으로 오신 예수 그리스도에 관하여 증거합니다.

본문 이해

앞선 말씀에서는 표제와 같은 말씀들이 있었습니다(마 1:1, 18). 그러나 이제 이러한 표제 없이 직접적으로 말씀합니다. 특별히 각 단락의 주제가 연속됨을 살펴볼 수 있습니다. 곧 예수 그리스도의 계보를 통해 예수 그리스도가 누구이신가에 관하여 알게 하시고, 예수 그리스도의 나심에 관한 이야기에서 계시로 예수 그리스도께서 이 땅에 오신 목적과 의미에 관하여 전하며, 이제는 예수 그리스도에 관한 첫 번째 선포자로 동방 박사들이 등장합니다.

동방 박사들은 유대인의 왕으로 나신 이라고 선포하였습니다. 만일 유대인이 이 선포를 하였다면 예수님은 유대인의 왕이 될 것입니다. 그러나 이 선포를 동방 박사들이 하였을 때에 예수님은 단지 유대인만의 왕이 아닌 만왕의 왕이 되심을 선포하는 것입니다.

1. 동방 박사들을 통한 교훈을 살펴봅시다(1-12절).
동방 박사들은 다음과 같은 교훈을 줍니다.

첫째, 동방 박사들은 첫 번째 선포자가 되었습니다.
동방 박사들은 예수님의 탄생에 있어서 가장 먼저 선포한 사람들입니다. 그들은 아직 주님을 만나지 못하였음에도 불구하고 주님을 선포하였습니다. 누가복음에는 목자들의 방문 이야기를 전합니다. 그들은 분명히 동방박사들의 방문보다 먼저 아기 예수를 경배하였습니다. 그들은 구유에 누운 아기 예수를 보았기 때문입니다. 예수께서 탄생하신 그 밤에 주님을 뵌 사람들이 목자들입니다. 그러나 그들이 선포하였다는 말씀은 찾을 수 없습니다. 곧 동방 박사들의 이야기가 귀한 하나는 예수님의 탄생 후에 첫 번째 선포자가 바로 동방 박사임을 보게 하시는 것입니다.

둘째, 동방 박사들은 담대하였습니다.

"유대인의 왕으로 나신 이가 어디 계시냐 우리가 동방에서 그의 별을 보고 그에게 경배하러 왔노라"(2절)

유대인의 왕 헤롯이 다스릴 때에 변두리에서 외친 것이 아니라 왕이 다스리는 성읍인 예루살렘에서 담대하게 유대인의 왕으로 나신 이가 어디 있느냐고 외친 것입니다. 이는 절대적인 믿음과 확신과 신앙이 없고는 있을 수 없는 일입니다.

셋째, 동방 박사들은 먼 거리에 있었던 사람들이었습니다.
동방 박사들은 먼 곳에 있었던 사람들입니다. 그러나 그러한 거리가 문제가 되지 않았습니다. 이처럼 우리들에게 도전을 주는 사람들의 이야기가 있습니다. 솔로몬 때에 솔로몬의 지혜에 대한 소문으로 말미암아 남방의 여왕 스바 여왕이 솔로몬을 방문합니다. 그 지혜를 보고 듣기 위하여 먼 거리인 예루살렘을 방문하였던 것입니다. (왕상 10:1-13)

또한 사도행전 8장의 말씀에서 에디오피아 여왕 간다게의 내시의 이야기를 보게 됩니다. 그는 에디오피아 간다게의 모든 국고를 맡은 관리인이었습니다. 얼마나 바쁜 사람이었겠습니까? 그저 시간을 낼 수 있는 사람이 아니었습니다. 오늘과 같은 좋은 교통의 시대가 아닙니다. 먼 거리를 여행한다는 것은 많은 것을 포기해야 하는 것입니다. 에디오피아 내시는 그럼에도 불구하고 하나님께 예배하러 예루살렘에 온 것입니다. 그는 예배하러 예루살렘에 왔다가 돌아가는 길에 성령의 이끌림을 받은 빌립 집사를 만나게 됨을 보게 됩니다.

동방 박사들 또한 먼 거리가 장애가 되지 않았습니다. 동방 박사들의 모습을 보며 가까운 거리임에도 불구하고 주 앞에 나오지 못하고 가까운 곳에서도 복음을 전하지 못함은 부끄러운 모습입니다.

넷째, 동방 박사들은 민족적, 문화적인 장애를 뛰어넘었습니다.
그들은 멀리 떨어진 사람들이었습니다. 또한 동방 박사들은 민족적으로 유대인들이 아니었습니다. 유대인의 하나님은 그들 민족의 하나님이 아니었습니다. 그들에게는 하나님을 만날 만한 환경이 좋지 않았습니다. 그러나 주님께 경배함에 있어서는 이러한 거리도, 문화도 장벽이 되지 못하였습니다.

다섯째, 동방 박사들은 그들의 방향을 통해서 교훈합니다.

동방 박사들은 그들의 지역을 통해서 믿음의 방향을 전하여주는 놀라운 계시적인 측면이 있습니다. 동방 박사들은 서쪽으로 옮을 통해서 믿음의 방향을 나타냅니다.

에덴이 하나의 성막임을 알게 하시는 것은 아담과 하와가 에덴에서 쫓겨났을 때에 에덴 동산 동쪽에 그룹들과 두루도는 칼을 두어 생명 나무의 길을 지키게 하셨다는 것입니다. 아마도 처음에는 이 말씀을 이해할 수 없을 것입니다. 그러나 모세를 통해서 성막을 지으셨을 때에 성막의 유일한 하나의 문이 동쪽에 있음은 에덴 동산 자체가 하나의 성막이 됨을 알게 하시는 것입니다.

가인은 여호와 앞을 떠나 에덴 동쪽 놋 땅에 거주하였습니다. 그리고 그 곳에 에녹성을 쌓았습니다. -에녹성

바벨탑은 사람들이 동방으로 옮겨가다 시날평지를 만나 거기 거류하며 그 곳에 쌓은 성이 바벨탑입니다. -바벨탑

롯이 아브라함을 떠나서 요단 동편 땅을 택하고 그 지역의 도시들에 머무르며 마침내 소돔까지 이르렀습니다. 동편으로, 동편으로 가는 것은 믿음의 방향이 아닙니다. 그곳에는 소돔성이 있었습니다. -소돔성

에녹성도, 바벨탑도, 소돔도 다 동편에 있는 성읍이었습니다. 이는 믿음의 방향이 아닌 것입니다.

그러나 이제 놀라운 것은 동방의 박사들은 동방으로 가는 자들이 아닌 동방으로부터 온 자의 모습을 보여주는 것입니다.

2. 동방 박사들의 선포와 방문 목적은 무엇입니까?(2-4절).

마태복음은 처음으로 사람의 고백과 선포를 동방 박사들을 통해서 전합니다.

"유대인의 왕으로 나신 이가 어디 계시냐"(2절)

동방 박사들은 예수 그리스도를 유대인의 왕으로 선포하였으며 그들의 목적은 그분께 경배하기 위함이었습니다. 그는 단순히 땅에 속한 사람이 아닌 경배의 대상이 되는 참 하나님이십니다. 동방 박사들은 유대인의 왕으로 나신 이가 누구이신지 알았으며 이는 동방 박사들만이 아닌 당시의 유대인의 왕이었던 헤롯 왕 또한 알고 있었습니다. 그러므로 그는 동방 박사들이 유대인의 왕으로 나신 이가 어디 계시냐는 질문에 모든 대제사장과 백성의 서기관들을 모아 '그리스도'가 어디서 나겠느냐 물었던 것입니다(4절).

3. 동방 박사들을 인도한 세 가지는 무엇입니까?(1-12절)

동방 박사들을 통해서 교훈하시는 또 한 가지로 그들을 인도한 세 가지는 믿음의 사람들을 하나님께서 무엇으로 인도하시는가입니다. 출애굽 한 이스라엘을 위해서 하나님께서 먼저 사람인 모세를 보내시고, 불기둥과 구름 기둥으로 인도하시고, 법궤를 통해 인도하셨듯이 동일한 원칙으로 하나님께서는 동방 박사들을 위하여 별을 준비하셨으며, 예루살렘의 여러 지도자들을 통해서, 말씀을 통해서 인도하심을 받게 하십니다. 이는 성도를 이끄시는 하나님의 세 가지 방편이 됩니다.

4. 아기 예수께서 유대 베들레헴에 나심을 살펴봅시다(4-6절).

"또 유대 땅 베들레헴아 너는 유대 고을 중에서 가장 작지 아니하도다 네게서 한 다스리는 자가 나와서 내 백성 이스라엘의 목자가 되리라"(6절)

예수 그리스도의 탄생지가 유대 베들레헴임은 숨겨진 사실이 아닌 말씀의 성취였습니다. 대제사장과 서기관들은 미가 5장2절을 따라 다윗의 동네에 나실 그리스도에 관하여 알고 있었습니다. 이와 같은 성취를 통해서 하나님의 계획하심과 그 이루심을 보이십니다. 그리스도가 베들레헴에 탄생하심은 탄생하실 뿐만 아니라 그가 행하실 일들을 예견케 합니다. 곧 베들레헴에서 태어나신 그리스도는 이스라엘의 목자가 되실 것입니다.

5. 동방 박사들이 드렸던 세 가지 예물을 살펴봅시다(11절).

　동방 박사들은 유대인의 왕으로 오신 그리스도께 경배하기 위하여 방문하였으며 그들은 예물로 황금과 유향과 몰약 세 가지를 드렸습니다. 그들이 드렸던 세 가지 예물의 구체적인 내용이 증거됨은 이를 통한 세 가지 교훈이 있음을 또한 알게 합니다. 황금은 예수 그리스도께서 왕되심에 대한 선언이며, 유향은 제의적인 성격으로 그분이 경배의 대상이 되심에 대한 선언이며, 몰약은 예수 그리스도께서 우리들을 위하여 죽으심에 대한 선언으로 찬양의 근거가 됩니다. 동방 박사들은 그들이 준비하였던 예물로 주님을 높이고 경배하고 찬양한 것입니다.

묵 상

01   동방 박사들을 통한 교훈을 나누어 봅시다.

02   헤롯을 통한 교훈을 나누어 봅시다.

03   예수 그리스도의 베들레헴 탄생이 주는 교훈에 관하여 나누어 봅시다.

되새김

동방 박사들은 박사 됨을 통해서 그들의 지성을, 방문을 통해서 그들의 영성을, 기뻐함을 통해서 그들의 감성을 보입니다. 그들은 무명함에도 불구하고 많은 복음적인 자취와 교훈을 남기었습니다. 동방 박사들과 헤롯과의 대조됨은 더욱 그들의 신앙이 얼마나 값진 것인가를 깨닫게 합니다.

PART

04

애굽의 피신과 귀환
2장13~23절

Key Point

애굽의 피신은 예수님께서 구원자 되심의 또 다른 증거가 됩니다. 헤롯의 핍박은 아기 예수를 애굽으로 이끌었으나 이는 도리어 하나님의 말씀의 성취로 이루어집니다. 예수님께서는 애굽에서 올라오신 후 공생애 전까지 나사렛에서 거주하셨습니다.

본문 이해

    마태복음의 첫 번째 소주제인 예수 그리스도의 탄생에 관한 마지막은 '애굽의 피신과 귀환'의 말씀입니다. 혈통과 계보를 통한 증언과 주의 사자가 요셉에게 계시한 증언과 동방박사들의 선포의 증언에 이어 예수 그리스도의 탄생의 행적은 친히 그가 바로 애굽 땅에서, 죄에서 구원하실 구원자이심을 밝히시는 것입니다.

1. 아기 예수의 애굽 피신의 의미와 목적은 무엇입니까?(13-15절).

    동방 박사들이 떠난 후에 주의 사자가 두 번째 요셉에게 현몽하여 이르기를 '헤롯이 아기를 찾아 죽이려 하니 일어나 아기와 그의 어머니를 데리고 애굽으로 피하여 내가 네게 이르기까지 거기 있으라' 하였습니다. 즉 아기 예수의 애굽 피신은 일차적으로 헤롯의 핍박을 피하기 위함으로 여겨질 수 있습니다. 그러나 성경은 이를 헤롯으로 말미암은 것이 아닌 하나님 말씀의 성취로 여깁니다.

    "헤롯이 죽기까지 거기 있었으니 이는 주께서 선지자로 통하여 말씀하신 바 애굽으로부터 내 아들을 불렀다 함을 이루려 하심이라"(15절)

    호세아 11장1절 말씀의 성취로 아기 예수는 애굽으로 피신한 것입니다. 하나님께서 헤롯의 핍박이라는 악을 통해서 선이신 하나님의 말씀을 성취하셨습니다. 비록 악이 있었지만 도리어 하나님의 선하심을 이루어나가신 것입니다.

곧 하나님께서는 아기 예수의 애굽으로 피신과 이끄심을 통해서 이스라엘 백성들이 애굽에 내려갔다가 모세를 보내사 그들을 이끌고 나오심과 같이 그의 백성들을 인도하시는 참된 인도자가 바로 예수 그리스도이심을 알게 하시는 것입니다. 예수의 이름은 자기 백성을 그들의 죄에서 구원한 자임을 알게 하십니다. 이제 아기 예수를 애굽으로 보내사 참된 구속의 사역이 예수 그리스도를 통하여 이루심을 보이신 것입니다.

2. 헤롯의 유아 학살을 살펴봅시다(16-18절).

헤롯은 박사들에게 속은 줄을 알았습니다. 자신이 박사들을 속이려고 했던 바는 알지 못하고 자신이 속은 줄만 아는 것입니다. 악인은 자신의 악을 깨닫지 못할 뿐만 아니라 자신의 악조차 선하다고 하는 것입니다. 이제 헤롯은 박사들에게 속은 줄 알고 심히 노하여 사람을 보내어 베들레헴과 그 모든 지경 안에 있는 사내아이를 박사들에게 자세히 알아본 그 때를 기준하여 두 살부터 그 아래로 다 죽이게 하였습니다.

자신의 악을 멈추지 못할 때에 이제는 악을 제어할 수가 없게 된 것입니다. 어리석은 자들은 이러한 악조차 그 책임을 하나님께 돌리나 경건한 믿음은 인간의 악에 대한 무서움과 두려움을 압니다.

헤롯은 자신의 명예를 위하여 모든 것을 행하는 사람이었습니다. 자신의 장인도, 아내도 심지어는 아들들까지 고소하고 또한 죽인 사람이었습니다. 그는 예수를 죽이지 못하였지만 자신의 아들을 죽인 자가 되었습니다. 자신의 아들을 죽인 저 헤롯을 향하여 가이사는 헤롯의 아들이 되느니 차라리 돼지의 아들이 되는 것이 낫다고 하였습니다.

헤롯의 광기는 많은 생명을 죽게 하였습니다. 그는 자신의 죄악을 더욱 쌓는 자가 된 것입니다.

"라마에서 슬퍼하며 크게 통곡하는 소리가 들리니 라헬이 그 자식을 위하여 애곡하는 것이라 그가 자식이 없으므로 위로 받기를 거절하였도다"(18절)

하나님의 말씀의 성취는 죄를 조성하여 성취하는 것이 결코 아닙니다. 하나님께서 인간의 죄와 그 열매들을 알고 계시는 것입니다. 인간의 죄는 잠시 모든 것을 삼키듯 하나 바위에 부서지는 파도와 같이 그 모든 죄악은 결국 무기력하게 될 것입니다.

3. 요셉의 세 번째 현몽을 살펴봅시다(19-21절).

요셉의 첫 번째 현몽은 아기 예수의 탄생과 관련되어지며, 두 번째 현몽은 애굽으로의 피신에 관한 것이며 세 번째 현몽에서는 아기와 그의 어머니를 데리고 이스라엘 땅으로 오게 하십니다.

헤롯의 유아학살로 나타난 그의 광기에도 불구하고 도리어 그가 죽음에 이름을 봅니다. 헤롯은 오래지 않아 죽고 주의 사자가 요셉에게 이스라엘 땅으로 들어오게 하셨습니다. 고난의 시간은 길지 않습니다. 밤의 어두움에는 끝이 있습니다. 밤이 깊을수록 새벽이 가까이 옴의 증거가 될 뿐입니다.

4. 예수님께서 나사렛 사람이 되심을 살펴봅시다(22-23절).

요셉은 세 번째 현몽함의 지시대로 아기와 그의 어머니를 데리고 이스라엘 땅으로 들어갔습니다. 그러나 헤롯의 아들 아켈라오가 그의 아버지를 이어 유대의 임금 됨을 듣고 거기로 가기를 무서워하였습니다. 이에 요셉은 네 번째 현몽함의 지시하심을 받아 갈릴리 지방으로 떠나가 나사렛이란 동네에 가서 살게 됩니다. 마치 헤롯의 핍박으로 애굽으로 피신한 것이 아닌 말씀의 성취가 있었듯이 아켈라오에 대한 두려움 또한 하나님의 말씀의 성취의 한 방편이 되었습니다.

베들레헴은 유대 고을 중에서 작은 고을이었습니다. 그러나 나사렛은 그저 작은 마을이 아니었습니다. 베들레헴은 다윗의 고향으로 영광의 땅이었습니다. 그러나 나사렛은 구약에서 언급조차 된 적이 없는 비천한 땅이었습니다. 구유에 영광의 몸을 누우셨던 그리스도께서는 잠시 구유에 그 몸을 머무셨던 것이 아닌 비천한 땅 나사렛에서 자라나신 것입니다. 우리를 위하여 이 땅에 오셨을 때에 그는 영광의 모습으로 영광의 삶을 누리지 않으셨습니다. 참으로 그는 우리들을 부유하게 하시기 위하여 가난하셨으며, 우리들을 존귀하게 하시기 위하여 스스로 미천함에 머무셨습니다.

묵 상

01 　아기 예수의 애굽 피신이 주는 교훈을 나누어 봅시다.

02 　요셉의 순종에 관하여 나누어 봅시다.

03 　예수님이 나사렛 사람으로 칭하여짐에 관하여 나누어 봅시다.

되새김

애굽으로 피신한 예수님에게서 보는 것은 무기력함입니다. 그러나 그가 바로 이스라엘의 구속자가 되십니다. 나사렛 사람으로 칭함을 받는 예수님에게서 보는 것은 미천함입니다. 그러나 그가 바로 가장 존귀한 사역을 감당하게 됩니다.

PART

05

광야에 외치는 자의 소리
3장1~17절

Key Point

요한은 광야에 외치는 자의 소리로 사람들에게는 세례를 베풀어 주의 길을 예비하는 자였으며 동시에 그가 예수님께 베푼 세례는 예수님의 공생애를 준비케 하였습니다.

___

   1-2장이 예수님의 탄생을 중심으로 이루어진 사건들의 연속이었다면 3-4장은 예수님의 공생애의 준비와 시작에 관하여 전합니다. 곧 3장1-4장11절에는 세 가지 일로 '세례 요한의 사역', '예수님의 세례 받으심', '예수님의 시험 받으심'으로 공생애를 준비하시며 4장12-25절에서는 천국 복음을 선포하시며, 제자들을 부르시고, 치유하심으로 본격적으로 공생애를 시작하십니다.

■ 마태복음 3-4장의 구조적 이해
    마 3:1-12: 세례 요한의 사역
    마 3:13-17: 세례 받으신 예수님
    마 4:1-11: 시험 받으신 예수님
    마 4:12-17: 예수 그리스도의 선포
    마 4:18-22: 제자들을 부르심
    마 4:23-25: 요약

1. 세례 요한의 사역을 살펴봅시다(1-4절).
   ① 세례 요한의 이름
   1장의 요셉과 2장의 동방박사들에 이어 3장에서는 세례 요한이 등장합니다. 그의 이름 요한은 '그에게 여호와는 은혜롭다'는 뜻이며 그의

출생에 관한 자세한 말씀은 누가복음을 통해서 살필 수 있습니다. 마태복음은 그의 출생에 관한 이야기 없이 바로 그의 사역에 관하여 전합니다. 이는 세례 요한에 대하여 유대인들에게는 자세히 전할 필요가 없었기 때문입니다. 그의 사역은 한마디로 '세례'와 관련되며 이러한 사명은 그의 이름과 함께 불려 독특하게도 그를 '세례 요한'이라고 부릅니다.

② 사역지

세례 요한의 사역지는 유대 광야로 그는 먼저 광야의 사람으로 광야 생활을 통해서 하나님과 깊이 있는 교제를 가졌으며 그 광야에서 전파하였습니다. 모세가 광야의 사람이었으며, 다윗 또한 광야의 사람이었듯이 세례 요한 또한 광야에서 단련되었습니다.

③ 메시지

그의 메시지는 '회개하라 천국이 가까이 왔느니라'였습니다. 곧 회개하라는 메시지를 통해 천국을 준비하게 하였습니다. 회개함이 없이는 하나님 나라에 합한 자가 될 수 없는 것입니다. 세례 요한은 이 회개의 증거를 위하여 세례를 베풀었습니다. 예수님의 세례가 성령 세례라면 세례 요한의 세례는 물 세례이며 회개를 위한 세례였습니다. 하나님께서 행하실 일과 우리들이 행할 일이 있습니다. 우리들이 준비해야 할 것은 은혜를 받을 만한 그릇을 예비하는 것이며 하나님께서는 은혜를 베푸시는 것입니다. 회개는 하나님의 은혜를 위한 귀한 그릇이 됩니다.

④ 말씀의 성취

세례 요한의 사역은 말씀에 대한 성취였습니다. 이는 이사야 40장3절 말씀과 말라기 3장1절의 성취입니다.

"그는 선지자 이사야를 통하여 말씀하신 자라 일렀으되 광야에 외치는 자의 소리가 있어 이르되 너희는 주의 길을 준비하라 그가 오실 길을 곧게 하라 하였느니라"(사 40:3)

"만군의 여호와가 이르노라 보라 내가 내 사자를 보내리니 그가 내 앞에서 길을 준비할 것이요 또 너희가 구하는 바 주가 갑자기 그의 성전에 임하시리니 곧 너희가 사모하는 바 언약의 사자가 임하실 것이라"(말 3:1)

⑤ 세례 요한의 외양

성경은 세례 요한의 외양에 관한 묘사를 전합니다.

"이 요한은 낙타털 옷을 입고 허리에 가죽 띠를 띠고 음식은 메뚜기와 석청이었더라"(4절)

요한의 외양은 엘리야의 사역을 연상케 하며 실제적으로 그는 하나님께서 보내실 엘리야였습니다.

"보라 여호와의 크고 두려운 날이 이르기 전에 내가 선지자 엘리야를 너희에게 보내리니"(말 4:5)

"만일 너희가 즐겨 받을진대 오리라 한 엘리야가 곧 이 사람이니라"(마 11:14)

세례 요한은 한편으로 외양으로 그가 말씀의 성취대로 오리라 한 엘리야임을 나타내었습니다. 다른 한편으로 그의 외양과 그의 음식은 그의 금욕적인 생활을 보여줍니다. 그는 세속에 젖어 자신의 사명을 감당하지 못한 자가 아니라 절제되고 금욕적인 생활로 말미암아 그 사명을 충실하게 감당하였습니다.

2. 세례 요한에게 세례를 받기 위하여 나온 두 부류의 사람들을 살펴봅시다(5-10절).

세례를 받기 위하여 나온 사람들은 크게 두 부류입니다. 첫째, 자기들의 죄를 자복하는 사람들이었습니다. 예루살렘과 온 유대와 요단 강 사방에서 나아온 사람들이 자기들의 죄를 자복하고 요단 강에서 세례 요한에게 세례를 받았습니다.

둘째, 많은 바리새인들과 사두개인들이었습니다. 세례 요한은 이들이 세례 받고자 나아올 때에 도리어 경고하였습니다. 이들은 먼저 회개에 합당한 열매를 맺어야 했습니다. 이들에게는 민족적인 자부심이 있었습니다. 이러한 선민의 특권은 죄에 대한 자복함과 거리가 있습니다. 이에 세례 요한은 그들의 자부심에 대하여

"속으로 아브라함이 우리 조상이라고 생각하지 말라 내가 너희에게 이르노니 하나님이 능히 이 돌들로도 아브라함의 자손이 되게 하시리라"(9절)

고 하였습니다. 더 나아가 세례 요한은 하나님의 임박한 진노에 관하여 경고하였습니다.

"이미 도끼가 나무 뿌리에 놓였으니 좋은 열매를 맺지 아니하는 나무마다 찍혀 불에 던져지리라"(10절)

독사의 자식들, 돌, 도끼에 대한 말씀을 통해서 세례 요한은 바리새인들과 사두개인들에게 회개를 촉구하였습니다.

3. 두 종류의 세례를 살펴봅시다(11-12절).

세례 요한은 자신의 세례와 예수님의 세례를 구분합니다. 자신의 세례는 회개하게 하기 위하여 베푸는 세례이며 이는 물의 세례입니다. 그러나 자신의 뒤에 오시는 이는 성령과 불로 세례를 베푸실 것입니다. 요한은 자신과 예수님을 비교합니다.

"그는 나보다 능력이 많으시니 나는 그의 신을 들기도 감당하지 못하겠노라"(11절)

예수님과 자신의 이러한 비교는 그의 사역인 물의 세례와 예수님의 사역인 성령과 불의 세례를 비교하게 합니다. 즉 물의 세례는 성령의 세례를 준비하기 위한 것이며 참된 세례의 원형은 성령의 세례입니다.

"손에 키를 들고 자기의 타작 마당을 정하게 하사 알곡은 모아 곳간에 들이고 쭉정이는 꺼지지 않는 불에 태우시리라"(12절)

4. 예수님께서 세례를 받으심을 살펴봅시다(13-17절).

이 때에 예수님께서 갈릴리로부터 요단 강에 이르러 요한에게 세례를 받으려 하셨습니다. 이에 요한은 자신이 예수님께 세례를 받아야 할 터인데 어찌 예수님께서 자신에게 오시는지 예수님을 말리려 하였습니다. 이에 예수님께서는 '이제 허락하라 우리가 이와 같이 하여 모든 의를 이루는 것이 합당하니라'고 하셨으며 이에 요한은 자신이 예수님께 세례 베풂을 허락하였습니다.

예수님의 세례 받으심은 여러 가지를 우리들에게 보여줍니다. 첫째, 우리들 또한 성령의 임재를 받아야 함을 가르치십니다. 예수님께서는 이전에도 성령의 충만함 속에 있었습니다. 그러나 세례 때에 그의 특별한 사역을 위하여 이처럼 성령의 임하심을 받았던 것입니다. 예수님의

능력은 철저하게 자신의 능력이 아닌 하나님의 능력이며 성령의 능력
이었습니다. 이 성령의 세례는 구약에 예언되어진 바 있습니다.

"주 여호와의 신이 내게 임하셨으니 이는 여호와께서 내게 기름을 부
으사 가난한 자에게 아름다운 소식을 전하게 하려 하심이니"(사 61:1)

우리는 언제나 성령의 충만함 속에 있어야 할 것이며 하나님께서 어
떠한 일을 맡기실 때에 또한 성령의 충만함을 받아야 하는 것입니다.
우리는 철저하게 내 능력으로 하는 것이 아니라 하나님의 능력으로 하
는 것입니다.

둘째, 이 세례 의식은 공적으로 메시야 사역이 시작되었음을 선포합
니다. 이전의 예수님의 삶에 관해서 성경은 침묵합니다. 그러나 말씀
은 더 이상 침묵하지 않고 마태 마가 누가 요한이라는 네 개의 조명을
통해서 예수님의 인격과 그의 사역에 관하여 우리들에게 보여주는 것
입니다.

마지막으로 예수님의 사역은 우리를 위한 것 이전에 철저하게 하나님
께 만족을 드리는 것입니다. 하늘로서 소리가 있어 말씀하십니다. "이
는 내 사랑하는 아들이요 내 기뻐하는 자라" 예수님은 하나님의 뜻을
거슬리며 그의 사역을 하신 것이 아니라 철저하게 참된 사람이요 참된
인간으로서의 삶이 무엇인지를 우리들에게 보여주신 것입니다. 예수님

은 하나님 앞에 사랑하는 아들이였으며 하나님의 기뻐하시는 자였습니다. 이러한 예수님의 모습을 보며 우리도 하나님의 사랑하는 아들로서 그의 기뻐하시는 자로서의 삶을 위하여 힘써야 할 것입니다.

묵 상

01 세례 요한의 인격과 사역적인 교훈에 관하여 나누어 봅시다.

02 책망 받는 바리새인들과 사두개인들에 관하여 나누어 봅시다.

03 물의 세례와 성령의 세례에 관하여 나누어 봅시다.

되새김

세례 요한은 세례를 통해서 사역하였습니다. 그의 사역은 사람들로 회개하게 하여 주님의 사역을 준비하였습니다. 진정한 회개는 우리의 헛된 안정감과 임박한 심판에 대한 무지함을 벗으며 자신의 죄를 자복하며 회개의 합당한 열매를 맺음에 있습니다.

PART

06

시험 받으신 예수님 1
4장 1~11절

Key Point

요단강에서 세례를 받으신 예수님은 성령의 이끄심 가운데 광야에서 40일을 금식하신 후에 마귀에게 세 가지 시험을 받으십니다. 이번 과에서는 예수님께서 시험받으심의 이유와 목적에 관하여, 다음 과에서는 구체적으로 예수님께서 받으신 세 가지 시험의 내용과 그 의미에 관하여 나눕니다.

■ 그리스도인과 시험

시험은 그 사람의 영적인 수준에 상관없이 주어집니다. 도리어 영적인 수준이 높으면 높을수록 더욱 강한 시험이 찾아오게 됩니다. 그러므로 긴장을 늦출 수가 없습니다. 다윗조차 넘어졌다는 사실은 큰 충격이며 믿음의 경성함을 가져야 합니다. 엘리야의 시험은 언제 왔습니까? 엘리야의 시험은 놀랍게도 그가 갈멜산에서 바알의 선지자 450인과 아세라 선지자 400인 곧 850인의 선지자를 멸하고 난 후에 왔습니다. 850인의 이방 선지자 앞에서 담대했던 엘리야가 어찌 한 사람 이세벨 앞에서 무너졌습니까? 이세벨은 마귀와 같은 것입니다. 많은 시험에서 이겼다고 하여도 마귀 앞에서 우리는 또한 무너질 수 있는 것입니다. 물론 한두 번 시험에 넘어졌다고 하여서 멸망되는 것은 아닙니다. 그러나 우리의 삶이 더욱 풍성하고 승리하는 삶을 위해서는 영적인 무장으로 승리에 익숙한 자가 되어야 할 것입니다.

너희가 여러 가지 시험을 당하거든 온전히 기쁘게 여기라고 하였습니다. 성도는 시험에 대한 온전한 지식이 있어야 합니다.

"내 형제들아 너희가 여러 가지 시험을 당하거든 온전히 기쁘게 여기라 이는 너희 믿음의 시련이 인내를 만들어 내는 줄 너희가 앎이라 인내

를 온전히 이루라 이는 너희로 온전하고 구비하여 조금도 부족함이 없게 하려 함이라"(약 1:2-4)

시험은 오히려 큰 복을 가지고 오기도 합니다.

"시험을 참는 자는 복이 있나니 이는 시련을 견디어 낸 자가 주께서 자기를 사랑하는 자들에게 약속하신 생명의 면류관을 얻을 것이기 때문이라"(약 1:12)

■ 고난의 두 가지 이유

믿음의 사람들에게 주어지는 고난은 크게 두 가지의 의미를 가지고 있습니다. 첫째, 고난은 우리들을 돌이키게 하시기 위함이 됩니다. 그러므로 우리는 고난을 받을 때에 빨리 회개할 줄을 알아야 하며 하나님께로 돌아가야 합니다. 그러나 고난은 우리들을 돌이키게 함을 위해서만 주어지는 것은 아닙니다. 둘째, 하나님께서 우리들에게 고난을 허락하시는 이유는 우리들로 하여금 성숙시키기 위함입니다. 고난이 없다고 좋은 것만은 아닙니다. 고난이 없는 인생은 성숙한 믿음을 가질 수 없습니다. 고난 받음을 이상히 여길 것이 아니라 그 고난 속에 담겨 있는 하나님의 깊으신 뜻을 깨달아 알아야 합니다. 골이 깊으면 산이 높듯이 우리의 고난의 깊이에는 오히려 큰 성숙의 기회가 됩니다.

■ 예수님께서 시험 받으심의 목적

주께서 친히 시험을 받으심은 소극적으로는 우리가 이 땅에서 받는 시험이 무엇인지 알게 합니다. 그러나 적극적으로는 우리가 어떻게 살아야 하는지에 관하여 알게 하십니다. 주님께서는 악을 선을 바꾸십니다. 시험을 받으시되 이 시험 받으심을 통해서 오히려 우리들을 교훈하시는 것입니다. 주께서 몸소 시험받으심에 자신을 허락하시고 그 모든 시험을 이기심으로 성도로 하여금 시험에 넘어지는 자가 아니라 이기는 자가 되게 하시는 것입니다.

■ 광야와 사막의 차이

우리가 사는 삶은 광야와 같습니다. 광야에는 고난이 있습니다. 그러나 광야에는 고난만 있는 것이 아니라 은혜가 있음을 깨달아야 합니다. 은혜 없이는 살 수 없는 곳이 바로 광야입니다. 광야와 사막의 차이를 분명하게 알아야 합니다. 광야와 사막이 무엇이 다를까요? 광야에는 생명이 있습니다. 그러나 사막에는 생명이 없는 것입니다. 광야와 사막과 같은 곳에는 가시나무 종류들 밖에 살 수 없는데 광야의 나무들을 보면 하얗게 보인다고 합니다. 가시들조차 말라서 하얗게 됩니다. 그런데 놀라운 것은 광야의 하얗게 마른 나무들에 비가 내리게 되면 일주일 만에 새파래지는 곳이 바로 광야입니다. 그러나 사막에는 아무리 비가 내려도 생명의 역사가 일어나지 않습니다. 왜냐하면 그 안에는 생명이 없기 때문입니다. 우리는 우리 자신을 볼 때에 하얗게 메마른 사람들처럼 보입니다. 심지어 죽은 자처럼 보입니다. 그러나 우리 안에는 생명이 있기에 하나님의 은혜가 부어지면 새롭게 생명의 역사가 일어나는 것입니다. 그러나 그 안에 생명이 없는 자들에게는 아무리 은혜가 부어져도 생명의 역사를 이룰 수 없는 것입니다.

1. 예수님께서 광야에서 시험을 받으신 것은 언제입니까?

예수님께서는 광야로 이끌림을 받으신 것은 요단강에서 세례를 받으신 다음입니다(마 3:13-17). 이스라엘 또한 광야로 인도함을 받기 전에 홍해를 건넜습니다. 홍해를 건넌 사건은 세례적인 사건입니다.

"형제들아 나는 너희가 알지 못하기를 원하지 아니하노니 우리 조상들이 다 구름 아래에 있고 바다 가운데로 지나며 모세에게 속하여 다 구름과 바다에서 세례를 받고"(고전 10:1-2)

성령님께서 예수님을 광야로 인도하셨다는 것은 마치 이스라엘 백성들을 애굽에서 이끌어 먼저 광야로 인도하심을 기억하게 합니다.

예수님 또한 광야 이전에 세례를 받으셨습니다. 세례를 받으신 주님께서는 성령의 이끄심 가운데 광야로 나아가게 됩니다. 성도의 삶에도 세례를 받은 다음에는 광야의 과정이 있는 것입니다.

신앙생활에는 이 광야가 필요합니다. 광야는 풍족한 장소가 아닙니다. 불편할 수 있습니다. 광야에서 이스라엘은 마라의 쓴 물을 경험하였고(출 15:22-23), 양식이 떨어짐을 경험하였고(출 16:1-3), 목마름

(출 17:1)을 경험하였습니다. 그러나 광야에서는 더욱 값진 것을 배우게 됩니다.

2. 예수님을 광야로 이끄신 분은 누구이십니까?(1절)

"그 때에 예수께서 성령에게 이끌리어 마귀에게 시험을 받으러 광야로 가사"

예수님을 광야로 이끄신 분은 성령님이십니다. 우리는 성령님께서 우리들의 삶을 인도하심을 깨달아야 합니다.

아브라함이 갈데아 우르를 떠나고 또한 하란을 떠난 것은 그의 계획이 아니었습니다. 장막에서만 거하던 야곱이 밧단 아람에서 20년을 산 것은 그의 계획이 아니었습니다. 요셉이 애굽으로 팔려가는 것은 그의 계획이 아니었습니다. 다윗이 사울을 피하여 유대 광야에서 10년을 보내었던 것은 그의 계획이 아니었습니다. 사도 바울이 2차 전도여행에서 마게도냐까지, 더 나아가 아가야까지 간 바는 그의 계획으로 말미암은 것이 아닙니다.

우리는 우리의 삶에 성령님께서 인도하시고 계심을 깨달아야 합니다. 우리는 어떠한 순간이라고 할지라도 성령님께서 우리와 함께 하고 계심을 인정하고 고백함이 있어야 할 것입니다.

3. 예수님께서는 시험받으시기 전에 얼마 동안 금식하셨습니까?(2절)

  "사십 일을 밤낮으로 금식하신 후에 주리신지라"(2절)

  예수님께서는 40일 동안 금식하셨습니다. 40은 세상의 기간을 상징하는 숫자입니다. 모세의 인생이 40년 40년 40년, 곧 애굽 궁전에서, 미디안 광야에서, 출애굽 후에 광야에서 40년은 모두 인생의 기간을 상징합니다. 어떠한 사람들은 세상 속에서 평생 보내기도 하며 어떠한 사람들은 낙심하여 하나님을 떠난 인생을 살기도 하며 어떠한 사람들은 하나님의 인도하심 가운데 순례자로서 이 땅을 살기도 합니다. 모세의 금식 40일과 가나안 정탐 40일, 골리앗이 외친 40일, 애굽의 종살이 400년과 중간기 400년, 예수님께서는 부활 후에 이 땅에 계셨던 40일 등 이 40의 의미는 우리들에게 세상의 기간에 관하여 잘 알려 주는 것입니다.

  예수님께서는 40일 동안 금식하셨습니다. 이스라엘은 가데스바네아에서 반역함으로 정탐한 날 수 40일의 하루를 일년 삼아 40년을 광야 생활을 하였습니다. 이제 예수님께서 40일을 금식하심으로 광야의 40년을 기억하게 하십니다.

4. 예수님께서 세 가지 시험에서 이기심의 동일한 특징은 무엇입니까?
  주님의 시험 받음의 특징이 있습니다. 그것은 주님께서 모든 시험을 말씀으로 말미암아 이기셨다는 것입니다. 주님께서는 어떠한 권세와 능력으로 시험을 이기지 않았습니다. 단지 말씀으로만 이기셨습니다.

"기록되었으되 사람이 떡으로만 살 것이 아니요 하나님의 입으로 나오는 모든 말씀으로 살 것이니라 하였느니라"(4절)
"또 기록되었으되 주 너의 하나님을 시험치 말라 하였느니라"(7절)
"기록되었으되 주 너의 하나님께 경배하고 다만 그를 섬기라 하였느니라"(10절)

묵 상

01 광야와 사막의 차이가 주는 교훈은 무엇입니까?

02 하나님께서 광야를 허락하시는 이유는 무엇입니까?

03 시험을 이기기 위해서 필요한 것은 무엇입니까?

되새김

광야는 성숙한 성도를 위한 삶의 여정이며, 첫걸음입니다. 예수님께서 몸소 시험을 받으심은 인생이 겪는 시험에 관하여 알게 하시며 또한 이 시험에 승리하게 하시기 위함이십니다. 예수님께서 모든 시험을 말씀으로 이기심과 같이 시험에 앞서 말씀으로 무장되어 인생의 시험에 승리하고 열매 맺어 승리하는 그리스도인이 되어야 할 것입니다.

PART

07

시험 받으신 예수님 2
4장1~11절

Key Point

요단강에서 세례를 받으신 예수님은 성령의 이끄심 가운데 광야에서 40일을 금식하신 후에 마귀에게 세 가지 시험을 받으십니다. 이전 과에서는 예수님께서 시험받으심의 이유와 목적에 관하여, 이번 과에서는 구체적으로 예수님께서 받으신 세 가지 시험의 내용과 그 의미에 관하여 나눕니다.

본문 이해

예수님께서는 받으신 시험에는 세 가지 key word가 있습니다. 이 핵심적인 단어들을 기억할 때에 말씀의 가르침을 명확하게 알 수 있습니다. 세 가지 시험은 이 땅에서 겪는 시험이 무엇이고 또한 믿음의 사람으로서 이 땅을 어떻게 살아야 하는지를 알게 하십니다.

첫 번째 시험과 교훈은 떡과 말씀입니다.
두 번째 시험과 교훈은 시험과 신뢰입니다.
세 번째 시험과 교훈은 경배와 섬김입니다.

곧 세 가지 교훈은 각각 '말씀'과 '신뢰'와 '섬김'입니다. 사단은 떡에 관하여 시험하였으나 주님께서는 말씀에 관하여 가르치셨으며, 사단은 하나님을 시험케 하고 의심케 하였으나 예수님께서는 하나님을 신뢰해야 함을 가르치셨으며, 마지막으로 사단은 예수님의 경배를 받기를 원하였지만 예수님께서는 하나님만을 경배하고 섬길 것을 가르치셨습니다.

1. 예수님께서 받으신 첫 번째 시험과 교훈은 무엇입니까?(3-4절)

떡 vs 말씀

시험하는 자 곧 마귀가 예수님께 나아와 첫 번째 시험을 하였습니다.

"네가 만일 하나님의 아들이어든 명하여 이 돌들로 떡덩이가 되게 하라"(3절)

마귀의 첫 번째 시험은 돌들이 떡덩이가 되게 하는 시험입니다. 이것은 돌들이 떡덩이가 되게 하는 능력에 관한 시험이 아닙니다. 마귀는 넘어지게 하는 자이며 시험하는 자이며 또한 거짓말하며 속이는 자입니다. 이제 이러한 마귀의 시험에 관하여 어떻게 예수님께서 말씀하셨는가를 살피며 사탄의 의도를 알 수 있습니다.

예수님께서는 마귀에게 말씀하시기를 "기록되었으되 사람이 떡으로만 살 것이 아니요 하나님의 입으로 나오는 모든 말씀으로 살 것이라"고 하셨습니다. 곧 마귀는 예수님께서 하나님의 공급이 아닌 스스로, 자신의 능력으로 살 것을 요구하였지만 예수님께서는 철저하게 자신과 하나님과의 관계를 말씀 안에서 맺고 있습니다. 하나님과의 생명의 공급은 이 떡으로 말미암은 것이 아니라 바로 하나님의 말씀으로 말미암은 것입니다. 마귀는 철저하게 예수님과 하나님과의 관계를 근절시키려 하였지만 이에 예수님께서는 속지 않으셨습니다.

주님께서는 우리가 얼마나 많은 것을 가졌는가를 물으시지 않으실 것입니다. 주님께서는 우리들이 얼마나 큰 지위를 가졌는가를 물으시지 않으실 것입니다. 주님께서는 단지 우리가 말씀으로 살았는가에 관하여 물으실 것입니다.

주님께서 이 세대에 주신 공식적인 첫 말씀은 '사람이 떡으로만 살 것이 아니요 하나님의 입으로 나오는 모든 말씀으로 살 것이라'입니다. 이는 하나님과의 교제의 시작이며 믿음의 삶이 무엇인가를 가르쳐 주시는 것입니다.

역설적으로 마귀도 하나님의 말씀 없이 떡으로만 사는 인생은 돌덩이로 사는 것과 같음을 알게 하였습니다. 이는 자신을 위한 삶, 육신을 위한 삶, 하나님과 상관없는 삶을 알게 하는 것입니다.

주님께서는 결코 말씀을 사람이 먹어야 할 떡 다음으로 미루시지 않으셨습니다. 우리는 이것을 주목해 보아야 하며 나의 삶 가운데 말씀은 어디에 놓였는가를 살필 수 있어야 할 것입니다.

"내가 그의 입술의 명령을 어기지 아니하고 일정한 음식보다 그 입의 말씀을 귀히 여겼구나"(욥 23:12)

2. 예수님께서 받으신 두 번째 시험과 교훈은 무엇입니까?(5-7절)

시험 vs 신뢰

마귀의 시험은 신속하게 다음 단계로 넘어갑니다. 사단은 예수님을 거룩한 성의 성전 꼭대기에 세웠습니다. 잠시 어떠한 시험을 이긴다 할지라도 그것으로 끝났다고 생각해서는 안됩니다. 마귀는 자신의 시험이 실패로 돌아갔을 때 또 다른 시험으로 신속하게 이끄는 것입니다. 끝까지 정신을 차려야 합니다.

또한 첫 번째 시험에 비해 두 번째 시험은 좀 더 은밀합니다. 그러므로 정신을 차리고 분별하지 못하면 넘어질 수밖에 없을 것입니다.

그러나 첫 번째 시험에 승리한 사람은 이제 두 번째 시험으로 나아갑니다. 그만큼 시험에 이긴 자는 하나님께 가까이 나아갈 수 있습니다. 성숙할 수 있으며 열매 맺을 수 있는 것입니다.

하나님의 말씀을 깨닫게 될 때에 한 가지는 각 말씀이 연결되어 있다는 것입니다. 그리고 각 말씀이 점진적으로 이어지고 있음을 알 때에 우리는 참으로 큰 은혜를 발견하게 됩니다. 하나님의 말씀으로 사는 삶 다음으로 오는 위기는 무엇입니까? 이 시험은 바로 의심입니다. 하나님의 말씀 속에서, 하나님의 말씀을 붙들고 살고자 하는 그 믿음이 흔들리는 것입니다. 두 번째 교훈은 시험이냐 신뢰냐는 결단을 촉구합니다. 마귀가 예수를 거룩한 성으로 데려다가 성전 꼭대기에 세우고 말하였습니다.

"네가 만일 하나님의 아들이어든 뛰어내리라 기록하였으되 그가 너를 위하여 그의 사자들을 명하시리니 그들이 손으로 너를 받들어 발이 돌에 부딪히지 않게 하리로다"(마 4:6)

이 말씀은 시편 91편11-12절의 말씀입니다. 두 번째 시험인 성전 꼭대기에서의 시험에서 마귀 또한 말씀으로 말미암아 시험하고 있다는 것을 알아야 할 것입니다. 우리가 하나님의 말씀에 무지할 때에는 마귀는 절대로 말씀으로 시험하지 않습니다. 그저 계속해서 우리들에게 떡을 만들라고 요구할 뿐입니다. 그러나 말씀이 우리들 가운데 심어질 때에 이제는 그 말씀을 시험하는 것입니다. 그 말씀을 의심케 하는 것입니다.

말씀으로 인한 삶이 시작될 때에 사단의 유혹은 바로 그 말씀을 통하여 이루어진다는 것을 알아야 합니다. 우리가 말씀 가운데 사는 것이 중요하다면 또한 바른 말씀 가운데 바로 서는 것이 중요한 것입니다. 마귀는 하나님의 말씀을 왜곡합니다. 마귀의 특징은 가장 존귀한 것을 가장 가치 없는 것으로 만드는 그러한 존재입니다. 마귀 자신이 하나님께서 지으신 가장 아름다운 존재로서 가장 더러운 존재로 타락한 천사가 된 것과 마찬가지로 마귀는 지금도 우리들의 가장 아름다운 것을 가장 추잡한 것으로 만듭니다. 우리들의 가정을 깨트리고 때때로 교회를 깨트리기도 합니다. 우리는 말씀 가운데 바로 서야 할 것이며 아담의 아내와 같이 말씀에 바로 서지 못함으로 말미암아 유혹 가운데 쓰러지는 자가 되어서는 안 될 것입니다.

또한 거룩한 하나님의 말씀을 마귀가 이처럼 넘어뜨리기 위하여 인용하고 있다는 것은 오늘 우리가 하나님의 말씀을 생명을 살리는 데에 쓰고 있는가 아니면 생명을 죽이는데 쓰고 있는가를 묻는 것입니다. 얼마든지 말씀은 그 본래의 뜻대로 사용되지 않고 왜곡되어 사용될 수 있음을 가르치십니다.

똑같은 물도 소가 먹으며 젖이 나옵니다. 그러나 뱀이 먹으면 독이 나오는 것입니다. 하나님의 말씀을 먹을 때에도 우리는 이 말씀이 젖이 되는 말씀이 되어야 합니다. 그러나 그 안에 하나님의 생명이 없는 자들이 이 말씀을 먹으면 말씀을 가지고 오히려 독을 만드는 것입니다. 하나님의 말씀을 가지고 마귀는 오히려 시험하고자 하였습니다. 마귀는 생명의 말씀을 가지고 도리어 사람을 넘어뜨리고 시험하는 데에 쓰고자 하였던 것입니다.

3. 예수님께서 받으신 세 번째 시험과 교훈은 무엇입니까?(8-10절)
섬김: 세상 vs 하나님

세 번째 시험에는 "네가 만일 하나님의 아들이어든"이라는 말이 없습니다. 이제 마귀는 자신의 본성을 드러냅니다. 마귀는 적극적으로 공격합니다.

마지막에 마귀는 '네가 만일 하나님의 아들이어든'이라는 말을 쓰지 않았습니다. son of God, 하나님의 아들이 아니라 이제는 나의 아들이 되라는 이야기입니다. 그리하면 이 모든 것을 네게 주리라고 이야기

합니다. 우리는 son of God, 하나님의 아들입니까? 아니면 마귀의 아들입니다. 하나님의 아들들은 마귀에게 경배하는 자가 아니라 하나님께 경배하는 자입니다. 숨겨진 사실이 있습니다. 정욕적인 것, 세상적인 것, 마귀적인 것은 다 하나입니다(약 3:15). 우리는 육체의 욕심을 따라 행하고 세상의 풍속을 따라 행할 때에 그 배후에는 마귀가 있으며 마귀적인 것임을 알아야 합니다(엡 2:2-3).

마귀의 마지막 시험은 뜻밖의 보상을 약속합니다. 마귀는 지극히 높은 산에 천하 만국과 그 영광을 예수님께 보여주었습니다. 그리고 그 모든 것을 주겠노라고 약속합니다. 그러나 여기에는 한 가지 조건이 있음을 알아야 합니다. 곧

'만일 내게 엎드려 경배하면...'

마귀는 예수님과 마지막 거래를 합니다. 자신의 모든 힘을 쏟는 것입니다. 그가 보여줄 수 있는 모든 것을 보여 주었습니다. 그가 원하는 것은 무엇입니까? 이 모든 것을 어쩌면 포기하면서까지 그가 얻고자 하는 바는 무엇입니다. 그것은 바로 예수님께 경배를 받는 것입니다. 이 얼마나 사악합니까? 피조물이 창조주께 경배를 받기 원하는 것입니다. 한 피조물이 창조주와 같이 높아지고 영광을 받기 원하더니 이제는 도리어 창조주께 경배를 받고자 한 것입니다.

이제 드디어 예수님의 참으시고 참으셨던 절제와 그 고요함이 깨어

지는 순간이 왔습니다.

"사탄아 물러가라"

이는 두려움에 휩싸인 자의 절규와 고함이 아니었습니다. 그것은 창조주의 거룩한 분노로 말미암은 것입니다. 우리들에게 귀한 교훈을 주시고자 하셨던 주님께서 이제 그 교훈을 마치시며 더 이상 사단이 필요치 않으셨습니다. 그리고 그분은 사단을 내 팽개치시는 것입니다. 단 한마디의 말에 자리를 떠날 수밖에 없는 하찮은 피조물이 만왕의 왕께 경배를 받고자 했음이 얼마나 어리석은 일입니까?

마지막 예수님의 교훈은 무엇입니까? 그것은 "주 너의 하나님께 경배하고 다만 그를 섬기라"는 것입니다. 우리가 하나님께 경배하는 것은 이만한 가치가 있는 것입니다. 이 세상의 모든 것을 얻는 것보다 더 큰 가치가 하나님을 섬김에 있습니다.

이것이 우리가 배워야 할 세 가지 교훈입니다. 우리는 진실로 떡으로 살지 아니하고 하나님의 말씀으로 살아가고 있는가? 때때로 어려울 때에는 기본적인 것이 본질적인 것이 되기도 하나 기본적인 것은 본질적인 것이 될 수 없습니다. 하나님의 말씀은 본질입니다.

우리는 진실로 우리들의 어려움에도 불구하고 하나님을 시험하지 않고 하나님을 신뢰하며 살아가고 있는가? 우리의 믿음은 삶에 따라 변하는 상대적인 것이 아닌 절대적인 것입니다. 우리는 삶의 어떠한 변화에도 불구하고 하나님을 신뢰합니다.

우리는 진실로 이 세상의 헛된 영광을 추구하지 아니하고 하나님을 경배하며 살아가고 있는가? 이 세상의 부와 명예와 권력을 소유하는 것보다 잠잠히 하나님을 섬기며 그분께 예배하고 경배하는 것이 더 크고 귀한 것입니다. 세상의 모든 것은 하나님께로 말미암고 그를 위한 것일 뿐만 아니라 이 세상의 모든 것은 유한한 것이지만 하나님께서는 우리들에게 영원한 것을 약속하십니다.

4. 마귀가 떠나고 천사들이 수종들을 살펴봅시다(11절).

마귀는 떠났습니다. 그는 쫓겨났습니다. 더 이상 설 자리를 잃었습니다. 하나님의 허락하는 기간까지 성도를 시험하는 자로 남아있겠지만 그는 영원한 실패자입니다. 마귀는 떠나고 하늘을 가득 메운 천사들이 예수님께 나아와 수종을 들었습니다. 얼마나 마음을 조아리던 천사들이었던가? 그러나 그들의 마음 조아림은 헛된 것이었습니다.

묵상

01　첫 번째 시험과 그 교훈에 관하여 나누어 봅시다.

02　두 번째 시험과 그 교훈에 관하여 나누어 봅시다.

03　세 번째 시험과 그 교훈에 관하여 나누어 봅시다.

되새김

시험은 한편으로는 넘어뜨리는 것이나 다른 한편으로는 우리들을 세우는 것이기도 합니다. 떡이냐 말씀이냐, 시험이냐 신뢰냐, 마귀를 섬기느냐 하나님을 섬기느냐는 성도로 하여금 갈림길에 서게 합니다.

PART

08

공생애의 시작
4장12~25절

Key Point

마태복음 3장-4장11절까지는 예수님의 공생애의 준비에 관한 말씀이며 이제 예수님의 공생애 사역이 시작됩니다. 특별히 이번 과는 크게 세 단락으로 나누어져 예수님의 3대 사역이 무엇인지에 관하여 전합니다. 예수님의 3대 사역은 '선포'(preaching)와 '가르침'(teaching)과 '치유'(healing)입니다.

본문 이해

마태복음 1-2장은 예수 그리스도의 탄생의 말씀이며 3-4장은 공생애 준비와 시작에 관하여 전합니다. 공생애 준비에 세례 요한의 사역과 예수님의 세례 받으심과 예수님의 시험받으심의 세 사건이 있었던 바와 같이 공생애 시작에도 예수님의 선포와 제자들을 부르심과 요약의 세 부분으로 나뉩니다. 이는 예수님의 3대 사역이 무엇인지를 알게 하십니다.

1. 예수님의 공생애 시작을 살펴봅시다(12-17절).
세례 요한이 잡힌 일은 복음에 대한 새로운 전환점이 됩니다. 요한이 잡힌 후에 비로서 예수님의 공생애 사역이 시작됩니다.

요한이 잡힌 후에 예수님께서는 갈릴리로 물러가셨는데(12절) 이에 대한 더욱 구체적인 설명이 나사렛을 떠나 가버나움 거하심으로 나타납니다(13-16절). 예수님의 가버나움 이주와 공생애의 시작은 하나님의 말씀에 대한 성취입니다.

"스불론 땅과 납달리 땅과 요단 강 저편 해변 길과 이방의 갈릴리여 흑암에 앉은 백성이 큰 빛을 보았고 사망의 땅과 그늘에 앉은 자들에게 빛이 비치었도다"(마 4:15-16, 사 9:1-2)

첫 번째 단락은 예수 그리스도의 공생애의 시기와 장소와 더 나아가 메시지에 관하여 전합니다.

"이 때부터 예수께서 비로소 전파하여 이르시되 회개하라 천국이 가까이 왔느니라 하시더라"(17절)

2. 예수님께서 제자들을 부르심을 살펴봅시다(18-22절).

공생애의 시작과 사역의 중심 그리고 그 메시지를 전함에 이어 이번에는 예수님께서 제자들을 부르심에 관하여 전합니다. 갈릴리 해변에 다니시다가 두 형제 베드로라 하는 시몬과 그의 형제 안드레가 먼저 부름을 받습니다.

"나를 따라오라 내가 너희를 사람을 낚는 어부가 되게 하리라"(19절)

물론 예수님께서 낯선 만남에 이 말씀을 하심으로 제자들이 바로 따랐던 것은 아닙니다. 이는 제자들의 부르심의 핵심적인 메시지의 전달이 됩니다. 베드로와 안드레는 부르심을 받고 그물을 버려 두고 예수를 따랐습니다. 그들이 버린 그물은 그들의 생계의 수단이었습니다. 이제 그물을 버렸다는 것은 그들의 육신의 목숨을 위하여 사는 삶이 아닌 새로운 삶의 부르심을 보여주시는 것입니다.

베드로와 안드레의 부르심에 이어 예수님께서는 다른 두 형제인 세베대의 아들 야고보와 요한을 부르십니다. 이전에 베드로와 안드레가 그물에 버림에 반해 야고보와 요한은 배와 아버지를 버려 두고 예수를 따릅니다.

3. 예수님의 세 번째 사역은 무엇입니까?(23-25절).

앞선 말씀을 통해서 예수님의 두 가지 사역이 무엇인지를 보이며 세 번째 단락에서는 요약합니다. 첫째, 선포의 사역으로 복음을 전파하셨으며 둘째, 가르침의 사역으로 제자들을 부르셨으며 또한 가르치셨습니다. 이제 셋째, 사역은 치유의 사역입니다. 예수님께서는 백성 중의 모든 병과 모든 약한 것을 고치셨습니다. 세 번째 단락은 예수님의 3대 사역을 정리하면서도 세 번째 사역을 강조합니다.

"예수께서 온 갈릴리에 두루 다니사 그들의 회당에서 가르치시며 천국 복음을 전파하시며 백성 중의 모든 병과 모든 약한 것을 고치시니 그의 소문이 온 수리아에 퍼진지라 사람들이 모든 앓는 자 곧 각종 병에 걸려서 고통 당하는 자, 귀신 들린 자, 간질하는 자, 중풍병자들을 데려오니 그들을 고치시더라 갈릴리와 데가볼리와 예루살렘과 유대와 요단 강 건너편에서 수많은 무리가 따르니라"(23-25절)

묵 상

01 마태복음의 중심 메시지는 무엇입니까?

02 제자로서 부르심에 먼저 요구되어지는 바는 무엇입니까?

03 예수님의 3대 사역에 관하여 나누어 봅시다.

되새김

공생애의 시작과 더불어 보여주신 예수님의 3대 사역은 복음이 전하여지는 곳에서 이루어져야 할 사역과 목양의 사역이 무엇인지를 알게 합니다. 문제는 이러한 사역이 치우침이 없이 균형 있게 이루어져야 하는 것입니다.

마태복음(상)

제2부

3대 사역
(5-10장)

PART

09

팔복 1
5장1~12절

Key Point

마태복음 5-7장의 말씀은 산상수훈의 말씀이며 그중에서도 가장 먼저 소개되는 말씀은
팔복의 말씀입니다. 모세가 호렙산에서 율법에 가장 핵심적인 십계명의 말씀을 받았다면
예수님께서는 직접 산상수훈의 말씀을 선포하시며 가장 먼저 주신 말씀은 팔복입니다.

본문 이해

마태복음에는 총 5편의 큰 설교가 있습니다.

5-7장 산상수훈

10장 제자 파송 설교

13장 천국 비유 설교

18장 공동체 규정 설교

24-25장 종말 설교

1-4장의 탄생과 시작에 관한 말씀에 이어 5-7장은 예수님의 첫 번째 설교인 산상수훈의 말씀입니다. 산상수훈의 말씀에는 크게 6가지 메시지가 있습니다. 이 여섯 가지 메시지는 다음의 구조를 통해서 좀 더 선명하게 이해할 수 있습니다.

a. 선언의 말씀(팔복, 소금과 빛)

  b. 교훈의 말씀(율법의 완성자, 6개의 반대명제)

    c. 경고의 말씀(외식하지 말라: 구제, 기도, 금심)

    c'. 권면의 말씀(보물을 하늘에 쌓아두라: 재물, 염려, 의)

  b'. 금함의 말씀(비판하지 말라: 들보, 거룩한 것, 구함)

a'. 결단의 말씀(좁은 문으로 들어가라: 열매, 뜻, 집)

■ 마태복음 5-7장의 구조적 이해

　　마 5:1-12: 팔복

　　마 5:13-16: 소금과 빛

　　마 5:17-20절: 율법의 완성자이신 예수님

　　마 5:21-48: 6개의 반대명제

　　마 6:1-18: 외식하지 말라

　　마 6:19-34: 보물을 땅에 쌓아두지 말라

　　마 7:1-12: 비판하지 말라

　　마 7:13-27: 좁은 문으로 들어가라

　　마 7:28-29: 요약

팔복은 산상수훈의 첫 번째 말씀입니다.

　팔복의 말씀은 크게 1-4복과 5-8복으로 나눕니다. 1-4의 복의 말씀은 한 개인의 내적인 변화를 이끄시는 과정으로서 나타나며 5-8복은 1-4의 복이 부어진 은혜의 충만함이 외적으로 나타나는 결과에 관하여 전합니다.

　팔복의 말씀은 우리들의 삶을 복 있는 자의 삶으로 초청합니다. 시편 1편의 말씀에서 복 있는 사람에 관하여 말씀하시는 바와 같이 팔복의 말씀은 성도들의 삶을 온전히 복된 삶으로 인도하여 주실 것입니다.

1. 산상수훈 말씀의 시작과 마침을 살펴봅시다(5-7장).

산상수훈는 마태복음 5-7장까지의 말씀입니다. 5-7장은 말씀의 모음으로 되어 있으며, 그 시작과 끝은 다음의 구절들로 이루어졌습니다.

"예수께서 무리를 모시고 산에 올라가 앉으시니 제자들이 나아온지라 입을 열어 가르쳐 이르시되"(마 5:1-2)

"예수께서 이 말씀을 마치시며 무리들이 그의 가르치심에 놀라니 이는 그 가르치시는 것이 권위 있는 자와 같고 그들의 서기관들과 같지 아니함일러라"(마 7:28-29)

모세가 호렙산에서 하나님의 말씀을 들음과 같이 산상수훈의 말씀은 산에서 이루어졌으며, 하나님의 종에 의한 선포가 아닌 직접적인 예수 그리스도의 선포이시며, 더 나아가 이 말씀은 일반 대중과 무리에게 주신 말씀이 아닌 제자들에게 주신 말씀이라는 데에 특별함이 있습니다.

2. 팔복의 첫 번째 복과 마지막 복을 살펴봅시다(3절, 10절).

산상수훈의 첫 번째 말씀은 팔복의 말씀이며, 팔복의 첫 번째 말씀은 다음의 말씀입니다.

"심령이 가난한 자는 복이 있나니 천국이 그들의 것임이요"(3절)
특징적으로 첫 번째 복의 결과와 마지막 복의 결과는 동일합니다.

"의를 위하여 박해를 받는 자는 복이 있나니 천국이 그들의 것임이요"(10절).

이는 같은 결과에 대한 다른 의미를 줍니다. 본질적으로는 같지만 그 성숙에 있어서는 다름을 보여주시는 것입니다. 우리는 믿음과 신앙 안에 있습니다. 그러나 그 삶의 의미는 다릅니다. 우리는 다 하나님의 자녀라 일컬음을 받습니다. 그러나 그 의미는 다를 수 있는 것입니다.

"화평하게 하는 자는 복이 있나니 그들이 하나님의 아들이라 일컬음을 받을 것임이요"(9절)

하나님께서 우리들에게 주시는 복은 또 다른 복으로 인도하십니다.

3. 심령이 가난한 자에 관하여 나누어 봅시다(3절).
심령이 가난한 자는 복이 있다는 말씀은 세상적인 기준과 말씀의 기준이 다름을 우리들에게 가르칩니다. 더 나아가 세상적인 기준과 말씀의 기준은 정반대임을 알게 합니다.

심령이 가난하다 함은 하나님이 주시는 복은 외적인 특징들을 무시하는 말씀으로 받아드려서는 안됩니다. 이는 성경의 여러 복에 대한 외적인 강조에 대한 말씀과 상충되며 갈등을 일으키게 됩니다. 오히려 심령이 가난하다 함은 하나님께서 주시는 복의 내적인 특징과 그 시작과 근원에 관하여 알게 하시는 것입니다. 아무리 배가 불러도 그것으로 사랑에 실패한 자, 사업에 실패한 자를 만족케 할 수는 없습니다. 복의 근원의 자리는 우리의 육신에 있지 않고 마음에 있습니다.

사람은 누구도 태어나면서부터 이 심령의 가난함을 가질 수 없습니다. 신령한 은혜는 타고난 육적인 성품과 달리 합니다. 이 심령의 가난함은 타고난 성품이 아닌 하나님께로 말미암은 은혜의 성품이며 은혜의 선물입니다. 우리가 아무리 눈을 가지고 있다고 할지라도 빛이 없으면 볼 수 없음과 같이 우리들에게 성령의 조명이 비추어지지 않으면 누구도 성령의 은혜를 깨닫지도 소유하지도 못하는 것입니다. 일반적으로 사람이 가난하게 되면 겸손하게 될 것이라고 생각합니다. 그러나 삶 속에서 느끼는 것은 가난한 사람일수록 자신의 자존심이 더욱 강하여지는 것을 볼 수 있습니다. 사람이 많은 것을 가지면 가질수록 그 마음이 너그러워지지만 사람이 궁핍하면 할수록 그 마음이 강퍅하게 되는 것입니다. 이러한 삶에 대해 안다면 우리는 결코 가난을 절대적인 의미에서 복이라고 할 수 없을 것입니다. 또한 육적인 성품으로 아무리 겸손하다 할지라도 우리가 육인 이상 영적인 성품으로서의 그 심령의 가난함에 도달할 수 없습니다. 육적인 눈을 가진 자는 육적인 것들이 자신 안에 비워있는 것은 볼 수 있어도 영적인 것들이 자신 안에 고갈되어 있음을 알 수 없는 것입니다.

말씀이 가르치는 심령의 가난함이라는 것은 나는 아무것도 아님을 깨닫기 시작하는 것입니다. 내가 지금 무언가를 가진 듯 하지만 그것은 본질적으로 내 것이 아닙니다. 잠시 내 손에 있는 듯 하지만 곧 사라지고 말 것입니다. 나는 아무것도 소유한 것이 없으며 더 나아가 나는 아무것도 아닙니다. 내가 입은 의라는 것은 누더기와 같은 것이며 나는 나에게 필요한 것을 스스로 공급할 아무런 능력이 없음을 알게 되는 것입니다.

그릇이 채워지기 위해서는 먼저 그 그릇을 비우는 작업이 있어야 합니다. 아무리 많은 것을 채우고 싶어도 그 그릇이 다른 것으로 채워져 있는 한 아무것도 채울 수 없습니다. 우리는 우리 안에 신령한 것으로 채워져 있는가를 살펴야 합니다. 우리 안에 채워져 있는 많은 세상적인 것을 비우는 작업이 없이는 결코 하늘의 것으로 채울 수 없을 것입니다.

묵상

01　산상수훈 말씀의 특징에 관하여 나누어 봅시다.

02　팔복 말씀의 특징에 관하여 나누어 봅시다.

03　심령이 가난한 자에 관하여 나누어 봅시다.

되새김

심령이 가난한 자는 복이 있습니다. 심령이 가난한 자는 세상으로 부하지 않는 사람입니다. 심령이 가난한 자는 세상으로 만족할 수 없는 사람입니다. 심령이 가난한 자는 자신의 무능과 연약함을 철저하게 깨닫는 사람입니다. 심령이 가난한 자는 철저하게 하나님만을 바라보는 사람입니다.

PART

10

팔복 2
5장1~12절

Key Point

마태복음 5-7장의 말씀은 특별히 산상수훈의 말씀이며 그중에서도 가장 먼저 언급되는
말씀은 팔복입니다. 이번 과에서는 팔복의 말씀 중에서 전반부가 되는 네 번째 복까지의
말씀에 관하여 전합니다. 이는 특징적으로 한 개인의 내적인 변화 중에 비움을 통하여 이
루어지는 일들에 관하여 깨닫게 합니다.

팔복의 첫 번째는 '심령이 가난한 자는 복 있나니 천국이 그들의 것임
이요' 라는 말씀이었습니다. 두 번째 복은 '애통하는 자는 복이 있나니
그들이 위로를 받을 것임이요'이며 세 번째 복은 '온유한 자는 복이 있
나니 그들이 땅을 기업으로 받을 것임이요'이며 네 번째 복음 '의에 주
리고 목마른 자는 복이 있나니 그들이 배부를 것임이요'입니다. 첫 번째
복은 두 번째 복으로 인도하며 두 번째 복은 세 번째 복으로 인도하며
세 번째 복은 네 번째 복으로 인도하여 주십니다. 팔복의 말씀은 개별적
이며 독립적인 말씀이 아닌 연속적이며 유기적인 말씀입니다.

가난함에 복을 선포하였던 충격적인 말씀은 계속 이어집니다. 가난
함, 슬픔, 비움, 갈증이 복입니다.

1. 애통한 자는 어떠한 사람입니까?(4절)

심령이 가난한 자에게 '깨달음'이 있다면 애통하는 자에게는 '슬픔'
이 있습니다. 믿음의 사람들은 죄에 대하여 깨닫는 마음과 더불어 '슬
픔'을 가져야 합니다. 진정한 깨달음은 슬픔을 동반하며 이것이 진정한
회개입니다. 슬픔을 잃어버리고, 눈물을 잃어버린 회개는 진실된 회개
가 될 수 없습니다.

이 슬픔은 부모가 자식을 잃거나 죄로 말미암아 심판과 고난을 받아 슬픔에 빠진 것이 아닙니다. 그것은 심령이 가난한 자들, 곧 성령에 의해 자기 자신이 아무것도 아니라는 것을 깨달은 자들이 자신의 죄를 통해 슬퍼하며 회개하는 것입니다. 성령이 임한 자들은 진정으로 슬퍼하며 회개를 합니다. 말로는 죄인이라는고 하지만 아무 부끄러움도 뉘우침도 없는 죄인과는 다릅니다. 우리가 죄인일 때에는 죄를 짓고 아파하는 마음이 없습니다. 그러나 성령으로 거듭난 자는 자신의 죄를 통해 그 마음이 상하며 아파하기 시작합니다.

또한 애통한다는 것은 단 한번 과거에 애통하였던 것을 의미하지 않습니다. 참으로 성령의 이끄심을 받는다면 회심 후에도 계속되는 자신의 죄로 통해 애통하는 자이어야 할 것입니다.

2. 애통하는 자에게 주어지는 위로에 관하여 나누어 봅시다(4절).
애통하는 자는 복이 있나니 그들이 위로를 받을 것입니다. 진정한 복은 우리 안에서 이루어지는 것이 아니라 주어지는 것입니다. 스스로 위로하는 것이 아닙니다. 이는 하나님께서 주시는 위로의 기대가 있는 자들입니다. 사람이 위로할 수 없을 것입니다. 그러나 하나님께서는 진정으로 우리들의 슬픔에 관하여 위로하여 주실 것입니다. 하나님께서 주실 위로가 없는 사람은 불행한 사람입니다. 그러나 하나님께서 주실 위로가 있는 사람은 복된 사람입니다.

말씀으로 살고, 믿음으로 삶으로 말미암은 많은 슬픔을 가지는 자들에게 하나님께서는 장차 그분의 위로를 허락하여 주실 것입니다.

"아브라함이 이르되 얘 너는 살았을 때에 좋은 것을 받았고 나사로는 고난을 받았으니 이것을 기억하라 이제 그는 여기서 위로를 받고 너는 괴로움을 받느니라"(눅 16:25)

3. 세 번째 복 있는 사람은 어떠한 사람입니까?(5절).
첫 번째 복인 심령이 가난한 자는 '깨달음'이며,
두 번째 복인 애통하는 자는 '슬픔'이며
세 번째 복인 온유하는 자는 '비움'입니다.

헬라어로 '온유'는 '프라오테스'로 '훈련되다', '길들여지다'라는 의미를 가집니다. 이는 성품적이며, 천성적인 온유함을 의미하지 않습니다. 그러나 팔복의 의미를 좀 더 이해하기 위해서는 이 온유를 비움으로 이해할 수 있습니다.

애통은 심령의 가난함의 열매이며, 또한 온유는 심령이 가난함과 애통함의 결실입니다. 심령의 가난함으로 심령의 문제를 바라본 자는 애통함으로 자신의 내면의 문제를 슬퍼하고 이제 온유한 자는 자신의 내적으로는 이러한 자신의 문제를 비우는 사람이며 외적으로는 하나님의 말씀에 대한 수용적인 자세를 갖는 것입니다. 이러한 사람이 바로 온유한 사람입니다. 자신의 문제를 인정하고 해결하고 겸손할 수 있는 사람입니다.

온유한 자는 내적인 평안이 있습니다.
온유한 자는 부드럽습니다.
온유한 자는 겸손합니다.
온유한 자는 자족합니다.

그러므로 참된 온유함은 언제나 하나님을 향하여 엎드려 있게 됩니다. 온유함은 먼저 하나님께 향한 것입니다. 자신의 고집과 의지와 뜻을 꺾어 버리고 하나님의 뜻에 언제나 굴복하는 마음, 그것이 바로 온유한 마음인 것입니다. 자신 안에 있는 온갖 세상의 것들을 버린 자들은 이제는 하나님을 향하여 온유한 마음을 가지게 됩니다. 그는 하나님의 음성에 귀를 기울이며 하나님의 뜻을 구하며 그 뜻 안에 언제나 순종할 수 있는 준비를 하게 되는 것입니다.

참된 온유함은 사람들을 향하여서도 그 아름다운 성품을 드러내게 됩니다. 이것은 하나님을 향한 온유함에 대한 열매입니다. 하나님 앞에 무가치한 인생인 것을 깨닫고 자신을 비운 자는 결코 사람들 앞에서 자신을 내세우지도 주장하지도 않습니다. 사람들의 모든 무례함을 참고 인내할 수 있는 능력은 그 안에 있는 어떠한 무엇이 있음을 통해서 가능한 것이 아니라 그 안에 비워 있는 그 온유함으로 말미암은 것입니다.

온유한 자는 땅을 기업으로 받습니다. 땅을 기업으로 받는다는 말씀이 무엇인지 분별하여야 합니다. 성경의 큰 주제는 하나는 자손에 대한 말씀이며 다른 하나는 땅에 대한 말씀입니다. 이것이 바로 모든 말씀의 핵심입니다.

"내가 네 자손이 땅의 티끌 같게 하리니 사람이 땅의 티끌을 능히 셀 수 있을진대 네 자손도 세리라 너는 일어나 그 땅을 종과 횡으로 두루 다녀 보라 내가 그것을 네게 주리라"(창 13:16-17)

자손에 대한 말씀은 생명에 대한 말씀으로, 땅에 대한 말씀은 통치, 다스림, 영향력의 삶을 가르치는 것입니다. 진정한 다스림과 통치와 영향력은 온유함으로 말미암습니다.

4. 네 번째 복 있는 사람은 어떠한 사람입니까?(5절).
　첫 번째 복인 심령이 가난한 자는 '깨달음'이며
　두 번째 복인 애통하는 자는 '슬픔'이며
　세 번째 복인 온유하는 자는 '비움'입니다.
　네 번째 복인 의에 주리고 목마른 자는 '갈증'입니다.

채움 전에 비움이 있어야 합니다. 영광을 주시기 전에 고난을 주시며, 부활 이전에 십자가가 있습니다. 높임 전에 낮아짐이 있습니다. 이제 하나님께서는 우리들 가운데 갈급함을 주십니다. 이러한 갈증에 은혜의 해갈이 있게 됩니다.

의에 주리고 목마른 경험은 일회적인 경험이 아닌 계속적인 경험이 되며 마찬가지로 배부름에 대한 경험도 일회적인 배부름이 아닌 지속적인 경험으로 이어지게 됩니다. 사랑하는 사람은 만나도 채워지지 않는 것입니다. 계속 함께 있고자 하는 것입니다. 마치 이와 같은 것입니다. 이것이 바로 영적인 은혜며 또한 신비로운 것입니다. 심령의 가난함과 애통함과 온유함이 일련의 과정으로 우리들에게 나타나지만 그것은 일회적이지 않고 계속되어야 하며 마찬가지로 이 네 번째의 복 또한 일회적인 사건이 아닌 지속적이며 계속적인 사건이 되어야 하는 것입니다.

목마름과 배고픔은 체질적인 것입니다. 목마름과 배고픔은 배움으로 되는 것이 아니라 우리들의 체질적인 변화로 말미암은 것입니다. 육적인 사람들은 여전히 자신의 육적인 목마름과 육적인 배고픔만을 채울 것이나 영적인 사람들은 언제나 자신의 영적인 목마름과 배고픔으로 말미암아 은혜를 사모하며 은혜를 간구하게 되는 것입니다.

이제 이와 같이 의에 주리고 목마른 자에게 주어지는 축복은 무엇입니다. 배부름의 축복입니다.

"너희 목마른 자들아 물로 나아오라 돈 없는 자도 오라 너희는 와서

사 먹되 돈 없이 값 없이 와서 포도주와 젖을 사라"(사 55:1)

"명절 끝날 곧 큰 날에 예수께서 서서 외쳐 가라사대 누구든지 목마르거든 내게로 와서 마시라 나를 믿는 자는 성경에 이름 같이 그 배에서 생수의 강이 흘러나리라"(요 7:37)

"나 여호와가 너를 항상 인도하여 마른 곳에서도 네 영혼을 만족케 하며 네 뼈를 견고케 하리니 너는 물 댄 동산 같겠고 물이 끊어지지 아니하는 샘 같을 것이라"(사 58:11)

"대저 내가 갈한 자에게 물을 주며 마른 땅에 시내가 흐르게 하며 나의 신을 네 자손에게, 나의 복을 네 후손에게 내리리니"(사 44:3)

묵 상

01 애통에 관하여 나누어 봅시다.

02 온유한 자에 관하여 나누어 봅시다.

03 의에 주리고 목마름에 관하여 나누어 봅시다.

되새김

성령은 잠시 우리들로 애통함에 머물게 합니다. 그곳에 큰 은혜가 부어지기 때문입니다. 하나님께서는 또한 우리들로 비우게 하십니다. 신앙은 떠나는 것이며, 버리는 것이며, 벗는 것이며 또 한 가지 비우는 것입니다. 비움 후에 채움이 옵니다. 참된 신앙은 갈증입니다. 참된 만족은 갈증에 부어지는 것입니다.

PART

11

팔복 3
5장1~12절

Key Point

팔복의 처음 네 가지 복은 우리 안에서 이루어지는 것입니다. 이는 비움을 통한 하나님의 역사입니다. 그러나 다음의 4가지 복은 하나님의 채움으로 나타나는 복입니다. 하나님께 서 비우심은 채우시기 위함입니다.

본문 이해

팔복은 두 부분으로 나누어집니다. 전반부는 철저하게 우리 안에서 이루어지는 것입니다. 하나님께서 우리들에게 신령한 것들을 채우시기 전에 우리 안에서 이루시는 것입니다. 곧 가난함도 애통함도 온유함도 그리고 더 나아가 갈증과 갈급함도 다 우리 안에서 이루어지는 것입니다. 그러나 이 네 가지 복의 마지막을 채우는 그들이 배부를 것임이요 라는 말씀으로 말미암아 하나님의 은혜가 부어지는 그 결과들을 우리는 앞으로 살펴보게 될 것입니다.

1. 긍휼히 여기는 자에 관하여 나누어 봅시다(7절).
　첫 번째 복인 심령이 가난한 자는 '깨달음'이며,
　두 번째 복인 애통하는 자는 '슬픔'이며
　세 번째 복인 온유하는 자는 '비움'이며
　네 번째 복인 의에 주리고 목마른 자는 '갈증'이며
　다섯 번째 복인 긍휼히 여기는 자는 '긍휼'입니다.

우리는 무엇으로 말미암아 긍휼히 여깁니까? 그 영혼을 보며 긍휼히 여겨야 할 것입니다. 우리들이 그 사람의 소유로 보고 긍휼히 여기게 되면 제일 불쌍한 것은 자기 자신일 뿐입니다. 우리는 생명을 보며 불쌍히 여겨야 합니다. 영혼을 사랑하는 마음을 가져야 합니다.

심령이 가난한 자가 긍휼히 여기는 마음을 갖게 됩니다. 이는 무엇입니까? 이는 비로소 부유한 마음입니다. 참된 부는 바로 긍휼입니다. 이전에는 참으로 가난하였습니다. 그러나 이제는 부한 자가 된 것입니다.

"내가 네 환난과 궁핍을 알거니와 실상은 네가 부요한 자니라"(계 2:9)

부하나 가난한 자가 있으며 가난하나 실상은 부한 자가 있습니다.

긍휼히 여기는 자에게는 긍휼히 여김을 받는다고 하였습니다. 우리는 누군가를 긍휼히 여길 때에 더욱 큰 하나님의 긍휼히 여기심의 은혜를 받게 됩니다. 우리가 누군가를 향하여 끊임없이 긍휼히 여기는 마음은 바로 우리 자신이 계속적으로 하나님의 은혜와 긍휼히 여김을 받게 하는 것입니다.

2. 마음이 청결한 자에 관하여 나누어 봅시다(8절).

다섯 번째 복은 여섯 번째 복으로 인도합니다. 곧 남을 여김으로 말미암아, 하나님의 날마다 긍휼히 여기심으로 우리가 깨끗게 된다는 것을 깨달아야 합니다. 내 방은 내 손으로 치울 수 있습니다. 그러나 우리의 영혼은 우리 스스로 깨끗게 할 수 없습니다. 오직 주의 긍휼이 우리를 깨끗게 하시는 것입니다. 마음이 청결한 자는 어떠한 복이 있습니까? 마음이 청결한 자는 하나님을 봅니다. 마음이 청결한 자는 하나님을 더 가까이 느끼는 것입니다. 그리스도와의 친밀감을 회복하는 것입니다. 날마다 주와 동행하는 삶을 살아가는 것입니다. 마치 이 땅을 천국처럼 살아가는 것입니다. 작은 은혜, 은혜의 시작은 우리들로 하여금 긍휼히 여기게 합니다. 그러나 이제 보다 큰 은혜는 우리들로 하여금 하나님께 깊이 있게 나아가게 합니다.

3. 화평케 하는 자에 관하여 나누어 봅시다(9절).

여섯 번째 복은 일곱 번째 복으로 인도합니다. 하나님을 뵙는 자들은 하나님과의 그 화평으로 세상 사람들을 초청합니다. 이것은 긍휼히 여기는 것에 대한 더욱 적극적인 행위입니다. 마음이 청결한 자가 자신과 하나님과 갖는 그 교제를 세상과 함께 나누는 복된 것입니다. 화평하게 하는 자에게는 특별히 하나님의 아들이라 일컬음을 받을 것이라는 거룩한 칭호를 주셨습니다.

4. 의를 위하여 박해를 받는 자에 관하여 나누어 봅시다(10-12절).

심령이 가난한 자는 아무것도 할 수 없는 무기력함이 있습니다. 그러나 이제 의를 위한다는 자체가 얼마나 귀한 것입니까?

의란 하나님 나라의 의입니다. 먼저 그의 나라와 그의 의를 구하라고 하였습니다. 그의 나라가 곧 그의 의입니다. 이는 하나님의 나라를 구하는 것입니다. 우리에게 무슨 능력이 있다고, 우리가 무엇이라고 하나님 나라를 구할 수 있겠습니까? 이는 하나님의 통치와 다스림을 구하라는 말씀이 됩니다.

   의를 위하는 삶에는 많은 대가 지불이 필요합니다. 우리는 이 땅의 삶을 편하게 살 수 있습니다. 어려움 없이 살 수 있습니다. 간섭을 받지 않고 살 수 있습니다. 그러나 믿음은 그렇게 우리들에게 가르치지 않습니다. 이 최고 수준의 믿음의 삶에는 박해가 따라오게 됩니다. 무릇 경건하게 살고자 하는 자에게 핍박이 있다는 말씀은 더욱 복음을 전하는 자에게 어떠한 큰 핍박이 있는지를 우리들에게 보여주시는 것입니다. 주님께서 이 핍박의 이유에 관하여 다음과 같이 말씀하셨습니다.

   "세상이 너희를 미워하면 너희보다 먼저 나를 미워한 줄을 알라 너희가 세상에 속하였으면 세상이 자기의 것을 사랑할 터이나 너희는 세상에 속한 자가 아니요 도리어 세상에서 나의 택함을 입은 자인 고로 세상이 너희를 미워하느니라"(요 15:18-19)

   우리는 이 세상에서 박해 받음을 이상히 여길 것이 아닙니다. 말씀은 도리어 우리들이 가져야 할 생각에 관하여 전합니다.

   "나로 말미암아 너희를 욕하고 박해하고 거짓으로 너희를 거슬러 모든 악한 말을 할 때에는 너희에게 복이 있나니 기뻐하고 즐거워하라 하늘에서 너희의 상이 큼이라 너희 전에 있던 선지자들도 이같이 박해하였느니라"(마 5장11-12절)

묵 상

01 4가지 복에 관하여 나누어 봅시다.

02 4가지 복의 연속성에 관하여 나누어 봅시다.

03 신앙의 성숙에 관하여 나누어 봅시다.

되새김

참되게 복된 사람은 복의 과정과 여정이 있는 사람입니다. 우리들을 복되게 하심
은 또 다른 복으로 인도하시기 위함이 됩니다. 복 있는 사람의 시작은 심령이 가
난함에 있지만 그 여정의 끝에는 의를 위하여 박해를 받음에 있습니다.

PART

12

소금과 빛 1
5장13~16절

Key Point

팔복의 말씀에 이어진 교훈은 소금과 빛입니다. 이는 세상과의 관계입니다. 자신과의 관계는 이웃과의 관계로, 더 나아가 세상과의 의미 있는 관계를 가지게 합니다. 믿음의 사람들은 세상의 소금이요, 세상의 빛으로 부르심을 받은 사람들입니다.

소금과 빛의 말씀이 팔복 다음에 있음은 의미가 있는 가르침입니다. 이는 우리가 세상 속에서 어떠한 삶을 살아야 하는가를 분명하게 말씀하시는 것입니다. 소금과 빛의 말씀만을 읽는다면 이 말씀 자체는 우리들로 하여금 무거운 말씀이 될 수 밖에 없습니다. 왜냐하면 이 말씀은 우리들의 사명에 대한 말씀이기 때문입니다. 그러나 팔복으로부터 시작하여 이 빛과 소금의 말씀을 읽는다면 이는 자연스러운 과정이요, 성장이요 결실임을 알 수 있게 됩니다.

1. '소금과 빛'의 세상과의 관계를 살펴봅시다.

우리가 세상에서 어떠한 역할과 사명을 감당해야 하는지 말씀은 두 가지를 통해서 가르쳐 주십니다. 첫째는 세상의 소금이며, 둘째는 세상의 빛입니다. 소금과 빛에 관하여 모두 세상의 소금과 세상의 빛이라고 말씀하심은 신앙의 삶은 세상과 분리 되는 것이 아니라 세상 가운데 살아야 함을 가르치심으로 믿음의 삶은 세상에서 열매를 맺어야 함을 가르치시는 것입니다. 신앙은 세상과의 관계 속에서도 바르게 나타나는 것입니다.

2. 소금과 빛의 사명에 관하여 살펴봅시다.

먼저 세상의 소금이라는 말씀을 주의 깊게 살펴야 합니다. 세상의 소

109

금은 세상의 일부분으로서의 소금을 이야기 하는 것이 아닙니다. 세상의 소금은 세상의 일부분이 아닌 세상에 소금으로서 부르심을 받았고 보냄을 받았다는 것을 말씀하시는 것입니다. 마찬가지로 너희는 세상의 빛이라고 말씀하셨을 때 우리는 세상의 일부분의 빛이 아니라 세상에 빛으로 부르심과 보내심을 받았다는 것을 기억해야 합니다

3. 소금과 빛의 교훈은 어떻게 대조됩니까?

예수님께서는 소금에 관해서 말씀하시며 너희는 세상의 소금이라는 말씀과 함께 불행한 상황에 관해서 말씀하십니다. 이는 경고의 말씀입니다. '소금이 그 맛을 잃으면 무엇으로 짜게 하리요?' 소금이 그 맛을 잃어버린다는 것은 곧 소금이 아무런 쓸 데가 없어짐을 의미하며, 밖에 버려지고, 사람들에 의해 밟히게 되는 것입니다. 이 모든 결과를 초래하게 되는 것이 바로 소금이 그 맛을 잃어버림에 있습니다. 이 소금의 말씀은 다분히 부정적인 결과에 관한 말씀이지만 이러한 말씀을 할 수 밖에 없으신 것은 우리의 역할과 사명이 얼마나 소중한가를 강력하게 말씀하시는 것입니다.

소금의 말씀을 통해서 경고의 말씀을 주셨다면 빛에 대한 말씀을 통해서는 우리를 격려하십니다. 산 위의 동네가 숨겨지지 못할 것이며 집 안 모든 사람에게 비치며, 그 빛이 사람 앞에 비칠 때에 사람들이 그 착한 행실을 보고 하늘에 계신 우리 아버지께 영광을 돌리게 된다고 말씀하십니다.

4. 소금이 잃어서는 안될 것은 무엇입니까?(13절).

소금은 바닷물을 햇빛에 말려서 얻다보니 어렵게 얻어지고, 귀한 것이 될 수 밖에 없지만 지상에서 가장 높은 염도를 가진 사해를 옆에 두고 사는 팔레스틴 사람들에게 있어서 소금은 가장 흔하고 값싼 것입니다. 그들은 소금을 얻기 위해서 조제의 과정이 필요하지 않습니다. 염분이 많은 사해의 바닷가에는 소금 기둥이 있으며 소금 덩어리가 바다에 떠 다니는 것입니다. 소금을 얻으려면 그저 바닷가에서 이러한 소금 덩어리를 퍼 오면 되는 것입니다. 팔레스틴의 소금은 어렵지 않게, 쉽게 얻는 대신에 여러 불순물들이 포함이 되어 있어 장시간 햇빛과 공기에 노출이 되면 그 맛을 잃게 됩니다.

5. 소금의 교훈들을 나누어 봅시다.

1. 소금의 역할은 아무것도 대신할 수 없는 것입니다. 소금에는 대용품이 없습니다. 설탕을 대신하는 당원이나 사카린이 있을 수 있으며 자동차에는 스페어 타이어가 있고 축구 선수에는 교체 선수가 있기 마련입니다. 그러나 소금에는 그 대용품이 없습니다. 하나님께서는 우리들을 스페어로 만드시지 않으셨습니다. 하나님께서는 유전자를 통해서 우리를 대량생산하시지도 않으셨습니다. 충분히 그럴 능력이 있으신 하나님께서 그렇게 하시지 않으셨습니다. 1초에 1000조개의 다 다른 눈결정도 하늘에서 만드시는 하나님께서 같은 사람을 만드시지 않으신 것입니다. 우리의 역할은 다만 우리만이 할 수 있는 가장 고귀한 인생으로 하나님께서 만드신 것입니다. 이것이 바로 우리의 자존감이

되어야 합니다.

2. 소금은 절대적으로 필요한 것입니다. 마트에 가면 생활필수품이라는 것이 있습니다. 우리의 삶에 꼭 있어야 할 것들을 의미합니다. 그러나 우리가 말하는 생활필수품이라는 것들도 반드시 있어야 하는 것은 아닙니다. 없어도 좀 불편은 하지만 그럭저럭 살 수 있는 있는 것입니다. 그러나 소금이란 우리의 인체에 있어서 반드시 있어야 하는 것입니다. 이 나라의 식량 자급률을 유지하기 위하여 절대농지라는 것이 있지만 사실 그것도 영원한 것이 될 수는 없을 것입니다. 그러나 소금이라는 것은 인체 내에 반드시 일정한 비율로 있어야 합니다. 비록 적은 양이지만 소금은 반드시 한 사람에게 최소 10-15그램이 있어 생체 내의 노폐물을 배설하는 생리적인 작용을 하게 됩니다. 만일 절대 필요한 이러한 소금이 인체 내에 없으면 결국 노폐물이 몸 안에 축적되어 죽음에 이르게 됩니다. 우리는 이 세상에 절대 필요한 존재라는 것을 가르치시는 것입니다. 이것이 바로 우리가 이 세상을 살아가야 하는 이유가 되는 것입니다.

3. 소금은 채취 과정에서 순수하며 내적으로도 순수합니다. 믿음의 사람들은 이처럼 깨끗한 심령이 되어야 합니다. 마음이 청결한 자는 복이 있나니 저가 하나님을 볼 것임이요라고 하였습니다. 우리는 이 땅에서 순수하고 깨끗하며 정결하여야 할 것입니다.

4. 소금은 변함이 없습니다. 그러므로 구약에서는 하나님과 언약을 맺을 때에 소금 언약으로 변함 없는 언약을 상징하기도 하였습니다. 우리는 하나님께서 어제나 오늘이나 내일이나 동일하심과 같이 한결같고 변함없는 삶을 살아야 할 것입니다.

5. 소금은 맛을 내게 합니다. 소금은 자신의 맛을 내게 하는 것이 아니라 음식의 맛을 내게 합니다. 이는 소금의 사랑과 섬김을 보여주는 것입니다. 우리는 세상 속에서 섬김의 사명을 다하여야 할 것입니다.

6. 소금은 희생을 교훈합니다. 소금은 녹아들어가 전체에 영향을 줍니다. 소금은 자기희생을 기본으로 합니다. 소금은 자신을 드러내지 않습니다. 하나님께서는 구제할 때에도 은밀히 하라고 하셨으며 더 나아가 우리는 모든 선을 행할 때에 소금같이 행하여야 합니다. 낮추는 것은 사람이 하는 일이고 높이는 것은 하나님께서 하시는 일입니다. 하나님의 하실 일을 자신이 하는 어리석은 인생이 되어서는 안 될 것입니다.

7. 소금은 방부제적인 역할을 합니다. 오늘날은 음식을 상하게 하지 않는 몇몇 방법을 알고 있습니다. 냉장고를 통하여 냉장 보관을 하거나 아니면 밀폐된 용기를 사용하여 밀폐 보관을 할 수 있습니다. 그러나 이러한 기술이 있기 전에 유일한 보존책은 바로 소금이었습니다. 소금은 부패를 방지하는 방부제적인 역할을 하여 생선과 고기에 소금을 뿌려 옛사람들은 음식을 보관하였습니다. 이러한 소금의 역할은 어렵

지 않게 그 사명이 무엇인지를 알게 합니다. 소금의 방부제적인 역할과 사명과 같이 그리스도인들은 죄된 이 세상에 부패를 막는 역할을 하여야 합니다.

묵상

01 '세상의' 소금과 '세상의' 빛에 관하여 나누어 봅시다.

02 소금과 빛은 어떠한 대조적인 가르침이 됩니까?

03 세상의 소금으로서의 그리스도인에 관하여 나누어 봅시다.

되새김

소금은 자기 부인의 결정체입니다. 자기를 부인하지 않은 소금은 절대로 자기의 역할을 감당할 수 없습니다. 그러나 소금은 자기의 맛을 잃어서는 안됩니다. 자기의 맛을 잃으면 다만 밖에 버려져 사람에게 밟힐 뿐입니다.

PART

13

소금과 빛 2
5장13~16절

Key Point

팔복의 말씀에 이어진 교훈은 소금과 빛입니다. 이는 세상과의 관계입니다. 자신과의 관계는 이웃과의 관계로, 더 나아가 세상과의 의미있는 관계를 가지게 합니다. 믿음의 사람들은 세상의 소금이요, 세상의 빛으로 부르심을 받은 사람들입니다.

이전 과에서는 세상의 소금에 관한 말씀이었습니다. 이번 과는 세상의 빛에 관한 말씀입니다.

1. '세상'의 빛에 관하여 살펴봅시다(14절).

우리 말에는 두 단어가 똑같이 '세상'의 소금, '세상'의 빛이라고 나타나지만 헬라어와 영어 성경은 각기 이 두 세상이라는 단어를 다르게 표현하고 있습니다. 곧 세상의 소금에서 세상은 earth이고 세상의 빛에서 세상은 cosmos입니다. 하나님께서는 우리들을 이 세상, 이 우주의 빛으로 삼으셨습니다. 하나님께서는 우리들로 세상의 소금이 되게 하심으로 세상의 맛을 나게 하심과 더불어 우리들을 세상의 빛으로 삼으셔서 온 세상을 밝히시는 것입니다.

2. 빛의 다양한 기능들에 관하여 연구하여 봅시다.

  1. 치료의 기능이 있습니다.

"그리하면 네 빛이 아침 같이 비췰 것이며 네 치료가 급속할 것이며 네 의가 네 앞에 행하고 여호와의 영광이 네 뒤에 호위하리니"(사58:8)

2. 빛에는 열이 있습니다.

3. 빛은 인도하는 역할을 가집니다.

4. 빛은 속도에 있어서 놀랍습니다.

5. 빛에는 다양한 색이 어울려져 있습니다.

빛에는 사실 다양한 색이 함께 어울려져 있습니다. 프리즘은 빛을 굴절시켜 빛의 다양한 색을 확인하게 합니다. 빛에는 일반적으로 7가지 색이 있다고 말합니다. 빨강으로부터 빨주노초파랑보의 일곱 가지 색깔입니다. 그러나 이 일곱 가지 색깔의 경계는 확연한 것이 아닙니다. 그것을 일곱 가지 색으로 구분한 것은 사람에 의한 구분일 뿐입니다. 곧 사람이 규정하는 것 이상으로 빛에는 빨강으로부터 보라색까지 수 천 가지 많은 색이 함께 어울려져 있는 것입니다. 우리가 서로 다르지만 다름은 차별의 이유가 아닌 풍성함이 되어지는 것입니다. 사람의 몸에는 다양한 지체들이 있는 것과 마찬가지로, 빛에 7가지 색깔과 수 많은 색이 어울려져 있듯이 믿음 안에서 다양한 우리의 모습들을 서로 인정하고 귀하게 여길 수 있는 우리들의 삶이 되어야 하겠습니다.

6. 빛은 가산 혼합을 합니다.

빛은 가산 혼합을 하는 특징이 있습니다. 이것은 미술을 하는 사람들에게는 아주 기본적인 것입니다. 곧 빛에는 3가지 기본 3원색으로 빨강

(red)과 파랑(blue)과 녹색(green)이라는 세 가지 색이 있습니다. 이것이 함께 섞이고 빠지면서 수 천의 색을 만드는 것입니다. 그런데 놀라운 것은 이 색이 함께 섞일 때에 순도와 명도가 높아진다는 것입니다. 이것이 바로 빛의 신비입니다. 빛은 하나가 될 때에 더욱 더 밝은 빛을 발하게 됩니다. 주님께서는 너희는 세상의 빛이라 하셨을 때에 우리는 하나가 되어야 합니다. 우리는 하나가 되어질 때에 더욱 더 밝은 빛을 비출 수 있는 것입니다.

7. 빛은 에너지를 줍니다.

빛은 세상에 에너지를 줍니다. 태양으로부터 오는 햇빛은 지구 표면에 1평에 4000W의 에너지를 줍니다. 굉장한 에너지입니다(가정에 들어가는 전기는 3000W, 즉 3KW입니다). 이 에너지를 100%를 다 활용한다고 한다면 우리가 돌리는 선풍기가 50W의 전기를 쓸 때에 1평에 전달되는 에너지로 선풍기를 80대를 돌림을 의미하는 것입니다. 우리가 쓰는 형광등이 40W 정도임을 알 때에 이는 곧 형광등 100개를 켤 수 있음을 의미하는 것입니다. 식물은 햇빛으로 광합성을 하여 탄수화물을 만들고 식물은 동물에게 에너지원이 되고 사람은 이러한 식물과 동물을 먹습니다. 식물과 동물은 석탄과 석유와 같은 에너지가 되는 것을 우리가 알 때에 근본적인 에너지원은 결국 햇빛으로부터 찾을 수 있는 것입니다. 소금이 맛을 내게 한다면 믿음의 사람들은 세상에서 힘과 능력의 공급함으로 열매를 맺을 수 있어야 합니다. 우리는 세상에서 하나님께로 말미암은 열매를 맺게 할 때에 진정한 빛의 에너지가 되는 것입니다.

3. 산 위에 있는 동네가 숨겨지지 못할 것이라는 의미는 무엇입니까?(14절)

작은 빛이라 할지라도 칠흑 같은 어두움이 감출 수는 없는 법입니다. 너희는 빛이므로 산 위의 동네라 할지라도 숨기우지 못할 것입니다. 그러나 이 말씀은 이러한 뜻이 아닙니다. 반대로, 이 말씀은 너희는 세상의 빛이니라. 산 위의 동네라 할지라도 너희들에 의해서 남김없이 다 환하게 비쳐질 것이다라는 뜻입니다.

4. 사람이 등불을 켜서 말 아래에 두지 않고 등경 위에 둔다함은 무슨 의미입니까?(15절)

세상의 빛에 관한 말씀에서 중요한 것은 누가 등불을 켜서 등경 위에 두었는가 하는 것입니다. 우리는 세상의 빛이기 이전에 하나님께서 우리를 세상의 빛으로 삼으셨습니다. 등불이 집안의 모든 사람을 비취기 이전에 등불을 켜서 등경 위에 두신 분이 있다는 것을 알아야 합니다. 소금이 소금의 맛을 잃어버리는 것은 소금의 불행이기 이전에 소금을 치는 자의 불행인 것과 마찬가지로 빛이 세상을 비취지 못하는 것은 빛의 불행이기 이전에 빛을 세상 가운데 가져오신 분의 불행입니다. 하나님께서는 하나님의 자녀들을 세상을 환히 비출 수 있는 곳에 두셨습니다. 하나님은 빛을 등경 위에 두셨습니다. 그리고 그 빛은 집안 모든 사람들을 비출 뿐만 아니라 산 위의 동네라 할지라도 남김없이 환히 비칠 것이라 말씀하셨습니다. 하나님의 자녀들을 통해서 여호와의 영광을 인정하는 것이 온 땅에 가득하게 될 것을 말씀하십니다. 하나님의 자녀들을 통해서 이 땅이 환히 비춰질 것을 말씀하십니다.

5. 빛이 사람 앞에 비추는 바를 살펴봅시다(16절).

세상이 밝게 비추어졌을 때 세상 사람들에 의해서 믿음의 사람들이 보여야 할 것은 착한 행실입니다. 세상이 밝게 비춰질수록 믿음의 사람들이 모습이 더욱 추하게 드러난다면 이것은 오히려 부끄러운 것입니다. 가증스러운 것입니다. 비리와 의혹들이 드러날 때마다 그 핵심 인사들 가운데 언제나 많은 믿음의 사람들이 섞여 있다는 것은 참으로 부끄러운 일이 아닐 수 없습니다. 이제 세상이 밝히 드러날 때 모든 것이 숨김없이 하나 없이 다 드러나게 될 때 하나님의 자녀들의 착한 행실을 세상이 볼 수 있어야 합니다. 그리고 세상이 하나님의 자녀들의 착한 행실을 보고 하늘에 계신 우리 아버지께 영광을 돌리게 되어야 할 것입니다.

묵상

01   산 위에 있는 동네를 밝히는 빛의 사명은 무엇입니까?

02   사람이 등불을 켜서 등경 위에 둠에 관하여 나누어 봅시다.

03   빛됨으로 하나님께 영광을 돌리는 것은 무엇입니까?

되새김

빛의 사명은 소금의 사명보다 더 우주적인 역할을 합니다. 소금의 사역은 이 세상에게 유익하나 빛의 사명은 더 나아가 하나님께 큰 영광이 됩니다. 소금은 감추어진 일이지만 빛은 감추어지지 않습니다. 세상의 소금된 인생을 하나님께서는 또한 세상의 빛으로 존귀케 하십니다.

PART

14

율법의 완성자
5장17~20절

Key Point

팔복과 소금과 빛에 관한 말씀에 이어 새로운 단락이 시작됩니다. 곧 율법의 완성자이신
예수 그리스도의 말씀을 통해서 율법이 새롭게 조명됩니다. 이는 새로운 율법이 아닌 율
법의 정신과 참 의미의 회복입니다.

본문 이해

   산상수훈의 메시지는 팔복의 말씀으로부터 소금과 빛에 관한 말씀까지 큰 단락을 이루고 이제 율법의 완성자이신 예수 그리스도에 관한 말씀이 6개의 반대 명제와 함께 또 하나의 큰 단락을 이룹니다. 이는 교훈의 말씀입니다.

   예수 그리스도는 아브라함과 다윗 언약의 성취자이시며(마 1:1), 구원자이시며(1:22), 임마누엘이시며(1:23), 유대인의 왕이시며(2:2), 성령과 불로 세례를 주시는 이시며(3:11), 하나님의 사랑하는 아들이며 기뻐하시는 자입니다(3:17). 이제 예수님은 율법과의 관계에 있어 율법의 완성자이십니다(5:17).

   팔복의 새로운 선언은 마치 예수님께서 율법의 파괴자로 오해되기 쉽습니다. 이에 말씀은 예수님께서 이 땅에 오신 중요한 목적 중의 하나로 율법이나 선지자를 폐하러 온 것이 아니라 완전하게 하기 위함임을 알게 하십니다.

1. 예수님께서 이 땅에 오신 목적은 무엇입니까?(17절)

   예수님께서 이 땅에 오심은 율법이나 선지자를 폐하러 온 것이 아니며 완전하게 하기 위함입니다. 곧 예수님은 하나님의 말씀의 온전한 성취자가 됩니다. 모세는 하나님의 말씀을 받은 자이나 예수 그리스도는 하나님 말씀의 선포자입니다. 그러므로 말씀의 참된 의미와 뜻은 예수 그리스도께 있는 것입니다.

2. 율법의 성취에 관하여 살펴봅시다(18절).

천지가 없어지기 전에 율법의 일점 일획도 결코 없어지지 아니하고 다 이루어질 것입니다. 하나님의 선언입니다. 단순히 이루어지는 것이 아니라 하나님께서 친히 이루실 것입니다. 이는 하나님의 의지의 말씀이 됩니다.

특별히 말씀의 성취는 예수 그리스도로 말미암습니다. 예수 그리스도 없이는 율법이 온전히 이루어질 수 없습니다. 이는 율법이나 선지자를 폐하러 온 것이 아니며 완전하게 하려 함이라 하신 말씀을 더욱 분명하게 하심이 됩니다.

3. 천국에서 작은 자와 큰 자는 어떠한 사람입니까?(19절)

율법의 완성자가 되시며 율법의 성취를 위하여 이 땅에 오신 예수님께서는 이번에는 율법의 크고 작음에 대한 말씀을 하십니다.

"그러므로 누구든지 이 계명 중의 지극히 작은 것 하나라도 버리고 또 그같이 사람을 가르치는 자는 천국에서 지극히 작다 일컬음을 받을 것이요 누구든지 이를 행하며 가르치는 자는 천국에서 크다 일컬음을 받

으리라"(마 5:19)

　말씀을 버리는 자는 그 말씀을 행하지 않는 자이며 계명 중 지극히 작은 것 하나라도 버리고 그같이 사람을 가르치는 자는 천국에서 지극히 작다 일컬음을 받을 것입니다. 그러나 지극히 작은 계명이라고 할지라도 이를 행하며 가르치는 자는 천국에서 크다 일컬음을 받을 것입니다. 이로써 율법의 크고 작음으로 차등을 두는 일은 의미가 없어집니다.

4. 의의 기준을 살펴봅시다(20절).

　예수님께서는 의의 기준을 새롭게 하셔서 너희 의가 서기관과 바리새인보다 더 낫지 못하면 결코 천국에 들어가지 못하리라고 하셨습니다. 서기관과 바리새인들의 의는 율법적인 의일 뿐만 아니라 그들의 의는 율법의 근본정신에 미치지 못하는 낮은 수준의 의일 뿐입니다. 그러므로 그들의 의로써는 천국에 들어갈 수 없는 것입니다.

묵 상

01 율법의 완성자 이신 예수 그리스도에 관하여 나누어 봅시다.

02 천국에서 크다 일컬음을 받는 자에 관하여 나누어 봅시다.

03 율법의 차등의 어리석음에 관하여 나누어 봅시다.

되새김

예수님은 율법의 완성자이십니다. 주님을 통해서 율법은 성취될 것입니다. 그러
므로 참된 의는 서기관들과 바리새인들의 의가 아닌 율법의 완성자이며, 성취자
이신 예수 그리스도로 말미암는 의가 되어야 합니다.

15

6가지 반대 명제 1
5장21~32절

Key Point

예수 그리스도는 율법의 완성자이십니다. 율법의 완성은 이전의 율법을 새롭게 조명하십니다. 이는 6개의 반대 명제를 통해서 증언합니다. 이번 과에서는 6개의 반대 명제 중에 살인, 간음, 이혼의 세 명제에 관하여 전합니다.

본문 이해

산상수훈의 말씀의 시작에 복을 선포하심에 이어 이번에는 예수님께서는 자신이 율법의 완성자임을 밝히십니다. 율법의 완성자되신 주님의 말씀은 옛 사람에게 말한 바와 6개의 반대 명제를 통해 어떻게 다른지를 밝힙니다. 그러나 이는 옛 사람에게 말씀하신 바와 다른 메시지가 아닌 옛 사람에게 주신 말씀의 본래의 의미가 됩니다.

6개의 반대 명제는 십계명의 6-10계명과 관련됩니다. 더 나아가 마지막 반대 명제인 '사랑'은 모든 말씀의 정신을 밝히며 마무리 합니다.

1. 첫 번째 반대 명제: '살인하지 말라' 에 대한 반대 명제를 살펴봅시다 (21-26절).

"옛 사람에게 말한 바 살인하지 말라 누구든지 살인하면 심판을 받게 되리라 하였다는 것을 너희가 들었으나 나는 너희에게 이르노니 형제에게 노하는 자마다 심판을 받게 되고 형제를 대하여 라가라 하는 자는 공회에 잡혀가게 되고 미련한 놈이라 하는 자는 지옥 불에 들어가게 되리라"(21-22절)

살인하지 말라는 첫 번째 반대 명제는 주로 언어적으로 나타납니다. 살인은 단순히 육적인 생명에 대해서 뿐만 아니라 노함으로 감정의 손

상을 일으키거나 '라가'라 말함으로 인격적인 손상을 일으키거나, '미련한 놈'이라고 말함으로 영혼의 손상을 일으키는 모든 범위까지 확장됩니다. '라가'는 히브리어 '레크'에서 유래된 단어로 '멍청이', '잡류'(삿 11:3) 등의 뜻이며, '미련한 놈'은 하나님을 부정하는 자라는 의미로 멸망받을 자라는 종교적인 정죄와 저주의 말입니다. '심판'과 '공회'와 '지옥 불'은 점진적인 표현으로 살인하지 말라는 계명의 심각성을 무겁게 인식시킵니다.

그러므로 예물을 제단에 드리려다가 거기서 형제에게 원망 들을 만한 일이 있는 것이 생각날 때에 예물을 제단 앞에 두고 먼저 가서 형제와 화목하고 그 후에 예물을 드려야 합니다. 곧 하나님께 참된 예배와 화목은 형제와의 화목한 가운데 이루어질 수 있는 것입니다.

예배뿐만 아니라 고발하는 자와 함께 길에 있을 때에 즉 아직 재판에 이르기 전에 급히 사화하여야 합니다. 그 고발하는 자는 상대를 재판관에게 내어 주고 결국 옥에 이르게 하기 때문입니다. 이는 단지 이 땅의 형벌뿐만 아니라 하나님의 심판대와 그 형벌인 지옥까지 이르게 하는 것입니다.

2. 두 번째 반대 명제: '간음하지 말라'에 대한 반대 명제를 살펴봅시다 (27-30절).

"또 간음하지 말라 하였다는 것을 너희가 들었으나 나는 너희에게

이르노니 음욕을 품고 여자를 보는 자마다 마음에 이미 간음하였느니라"(27-28절)

두 번째 반대 명제는 십계명 중에 7계명인 간음하지 말라와 관련됩니다.

살인에 관하여 주로 '언어'에 대한 경고를 가짐에 비해 간음에 관하여서는 '마음'에 관하여 경고합니다. 간음은 육체적으로만 이루어지는 것이 아니라 마음으로 이루어지는 것입니다.

살인에 관한 말씀과 같이, 간음에 관하여서도 그 심각성에 관하여 다음과 같이 경고합니다.

"만일 네 오른 눈이 너로 실족하게 하거든 빼어 내버리라 네 백체 중 하나가 없어지고 온 몸이 지옥에 던져지지 않는 것이 유익하며 또한 만일 네 오른손이 너로 실족하게 하거든 찍어 내버리라 네 백체 중 하나가 없어지고 온 몸이 지옥에 던져지지 않는 것이 유익하니라"(29-30절)

3. 세 번째 반대 명제: '이혼'에 대한 반대 명제를 살펴봅시다(31-32절).
"또 일렀으되 누구든지 아내를 버리려거든 이혼 증서를 줄 것이라 하였으나 나는 너희에게 이르노니 누구든지 음행한 이유 없이 아내를 버리면 이는 그로 간음하게 함이요 또 누구든지 버림받은 여자에게 장가

드는 자도 간음함이니라"(31-32절)

세 번째 반대 명제는 이혼에 관한 것이나 십계명의 계명 중의 8계명을 깊이 있게 생각하여야 합니다. 8계명은 '도둑질하지 말라'입니다. 도둑질의 계명은 남의 것을 빼앗음에만 적용되는 것이 아니라 예수님의 말씀에 빗대어 내 것을 버림을 통해서도 이루어집니다. 말씀은 이를 간음과 보다 연관되게 하였지만 평행되는 십계명의 순서는 이를 유추하게 합니다.

고대 근동 사회에서 이혼한 여성의 재혼의 길을 열기 위해서 여성의 보호를 위한 이혼증서가 도리어 이혼의 수단이 되어버렸습니다. 그러나 예수님께서는 음행한 이유 없이 아내를 버릴 수 없음을 통해서 이혼을 제한함으로 여성을 보호하시는 것입니다.

묵상

01   살인에 관한 말씀의 교훈을 나누어 봅시다.

02   간음에 관한 말씀의 교훈을 나누어 봅시다.

03   이혼에 관한 말씀의 교훈을 나누어 봅시다.

되새김

율법은 표면적으로 죄를 정죄하나 복음은 내면의 죄까지도 밝힙니다. 사람의 죄는 그의 행위로만 나타나는 것이 아니라 말과 마음으로도 이루어지는 것입니다. 더 나아가 죄는 남의 것을 도둑질함으로 뿐만 아니라 내 것을 버림을 통해서도 이루어집니다.

PART

16

6가지 반대 명제 2
5장33~48절

Key Point

살인, 간음, 이혼에 관한 세 가지 예수님의 반대 명제에 관한 말씀에 이어 이번 과에서는 맹세, 보복, 원수 사랑에 관한 반대 명제를 다룹니다. 이는 앞선 세 명제보다 더 확장적입니다.

본문 이해

1. 네 번째 반대 명제: '맹세'에 대한 반대 명제를 살펴봅시다(33-37절).

"또 옛 사람에게 말한 바 헛 맹세를 하지 말고 네 맹세한 것을 주께 지키라 하였다는 것을 너희가 들었으나 나는 너희에게 이르노니 도무지 맹세하지 말지니 하늘로도 하지 말라 이는 하나님의 보좌임이요 땅으로도 하지 말라 이는 하나님의 발등상임이요 예루살렘으로도 하지 말라 이는 큰 임금의 성임이요 네 머리로도 하지 말라 이는 네가 한 터럭도 희고 검게 할 수 없음이라 오직 너희 말은 옳다 옳다, 아니라 아니라 하라 이에서 지나는 것은 악으로부터 나느니라"(33-37절)

전례대로 네 번째 반대 명제는 제9계명과 연관됩니다. 제9계명은 거짓 증거하지 말라 하였으나 예수님의 반대 명제는 맹세하지 말라는 것입니다. 거짓을 말하는 것만이 문제가 아니라 진실하여야 함을 가르치시는 것입니다. 주님께서 금하신 맹세는 잘못된 맹세한 것이지 모든 맹세에 관한 것이 아닙니다. 우리는 이를 성경의 여러 말씀을 통해서 확인할 수 있습니다.

"네 하나님 여호와를 경외하며 섬기며 그 이름으로 맹세할 것이니라"(신 6:13)

이 한 구절만으로도 맹세 자체는 하나님께로부터 나왔으며 또한 행하여져야 함을 알 수 있습니다.

"내가 나를 두고 맹세하기를 나의 입에서 의로운 말이 나갔은즉 돌아오지 아니하나니 내게 모든 무릎이 꿇겠고 모든 혀가 맹약하리라"(사 45:23, 롬 14:11)

더욱이 성경은 사사로이 행한 모든 맹세까지도 금하지 않았습니다. 보아스는 개인 자격으로서 룻과 결혼하겠다는 그의 약속을 맹세로써 확정하였고(룻 3:13), 오바댜는 일개인으로서 의로운 자였고 여호와를 두려워하였는데 그는 엘리야에게 확신시키기를 원하였던 사실을 맹세하며 말하였습니다(왕상 18:10). 그러므로 우리가 성급하고 무분별하고 제멋대로 또는 하찮게 맹세를 해서는 안되며 꼭 필연적인 경우에만 해야 합니다.

맹세라는 것은 최후의 확정으로서 하나님 앞에 서서 확정하는 것입니다. "사람들은 자기보다 더 큰 자를 가리켜 맹세하나니 맹세는 저희 모든 다투는 일에 최후 확정이니라"(히 6:16)

우리는 우리들의 말에 있어 언제나 하나님을 염두하여야 합니다. 사람과 사람 사이에서 축복과 저주의 말들에 대한 가르침 이전에 본연에 우리들의 행하는 말들 속에서 정말로 하나님을 경외함이 있는지 살펴야 할 것입니다. 맹세하지 말라는 말씀은 우리들의 언어로 통해서 하나님의 영광이 드러나야 한다는 것을 뜻하는 것입니다. 우리들이 진실로 믿음의 사람들이라면 일상의 삶 속에서는 예와 아니요라는 말로서 신임을 얻을 수 있는 진실된 사람들이어야 합니다. 그러나 때때로 믿음의 결단과 결정과 판단에 있어 하나님의 이름이 언급되어야 한다면 우리는 그 이름으로 신실하게 행하므로 또한 하나님의 이름을 높일 수 있는 삶을 살아야 할 것입니다.

2. 다섯 번째 반대 명제: '보복'에 대한 반대 명제를 살펴봅시다(38-42절).

"또 눈은 눈으로, 이는 이로 갚으라 하였다는 것을 너희가 들었으나 나는 너희에게 이르노니 악한 자를 대적하지 말라 누구든지 네 오른편 뺨을 치거든 왼편도 돌려 대며 또 너를 고발하여 속옷을 가지고자 하는 자에게 겉옷까지도 가지게 하며 또 누구든지 너로 억지로 오 리를 가게 하거든 그 사람과 십 리를 동행하고 네게 구하는 자에게 주며 네게 꾸고자 하는 자에게 거절하지 말라"(38-42절)

다섯 번째 반대 명제인 '보복'은 전례대로 십계명과 순서적으로 연관된다면 10계명을 생각할 수 있습니다. 즉 십계명의 탐욕에 대한 금지뿐만 아니라 보복을 금지하십니다. 남의 것을 탐하는 것뿐만 아니라 보복을 금지하시는 것입니다. 반대 명제로서 보복 금지는 더욱 적극적으로 선을 베풂에 있습니다. 오른편 뺨을 맞은 자는 모욕적인 대우를 받은 자입니다. 그러나 그는 왼편도 돌려 됩니다. 악의 순환은 악으로 절대 끊을 수 없습니다. 고발하여 속옷을 가지고자 하는 자에게 겉옷까지도 가지게 하며 억지로 오 리를 가게 하는 자와 십 리를 동행하고 구하는 자에게 주며 꾸고자 하는 자에게 거절하지 않음은 보복이 아닌 적극적 사랑과 선의 베풂의 기회로 삼는 것입니다.

3. 여섯 번째 반대 명제: '원수를 미워하라' 에 대한 반대 명제를 살펴봅시다(43-48절).

"또 네 이웃을 사랑하고 네 원수를 미워하라 하였다는 것을 너희가 들었으나 나는 너희에게 이르노니 너희 원수를 사랑하며 너희를 박해하는 자를 위하여 기도하라 이같이 한즉 하늘에 계신 너희 아버지의 아들이 되리니 이는 하나님이 그 해를 악인과 선인에게 비추시며 비를 의로운 자와 불의한 자에게 내려주심이라 너희가 너희를 사랑하는 자를 사랑하면 무슨 상이 있으리요 세리도 이같이 아니하느냐 또 너희가 너희 형제에게만 문안하면 남보다 더하는 것이 무엇이냐 이방인들도 이같이 아니하느냐 그러므로 하늘에 계신 너희 아버지의 온전하심과 같이 너희도 온전하라"(43-48절)

원수 사랑에 관한 예수님의 말씀은 6번째 반대 명제일 뿐만 아니라 모든 반대 명제의 결론이 됩니다. 하나님께서 주신 계명은 하나님 사랑과 이웃 사랑이기 때문입니다. 예수님께서 주신 새계명의 근본적인 정신은 바로 사랑에 있습니다. 예수님은 이 사랑의 대상에 원수까지 포함시킴으로 놀라운 하나님의 사랑에 관하여 밝히십니다.

원수를 사랑함은 다음과 같은 유익함이 있습니다.

첫째, 원수를 사랑하는 그 사랑을 행할 때에 하늘에 계신 아버지의 아들이라 인정함을 받게 됩니다. 믿음의 순간 하나님의 자녀가 됨에도 불구하고 원수를 사랑함으로 진정한 하늘 아버지의 마음에 이르게 됨을 보이시는 것입니다.

둘째, 원수를 사랑하는 그 사랑을 행할 때에 상급이 있습니다. 사랑하는 자를 사랑함에는 상이 없습니다. 이는 이방인들도 행하는 바가 됩니다.

셋째, 원수를 사랑하는 그 사랑을 행할 때에 온전하여집니다.

"여기서 '온전한'이란 구약에서는 '나누어지지 않은'의 뜻이며 유대교의 쿰란 문헌에서는 '하나님을 향해 나누어짐이 없이 바라봄'의 뜻으로 예수님의 경우 '온전한'이란 '흠 없음', '완벽함'의 뜻이 아니라 '하나님을 향해 전적으로 바라봄(집중함)', '하나님을 전적으로 의지함'의 뜻이며 이웃을 향하여 '전적으로 열려 있음'을 의미합니다. 하나님께서 죄인을 온전히 받아들이시기 위해 온전한 그분의 아들 예수 그리스도를 내주신 것처럼, 하나님 나라의 선물을 받은 복 받은 사람들 역시 하나님을 온전하게 바라보아야 하고 하나님을 향해 '나누어짐이 없이'(의심 없이) 의지해야 합니다[3]."

3)   장흥길, 『가서 제자삼으라』(서울: 한국성서학연구소, 2009), 73-74쪽.

묵상

01 맹세에 관한 말씀의 교훈을 나누어 봅시다.

02 보복에 관한 말씀의 교훈을 나누어 봅시다.

03 원수 사랑에 관한 말씀의 교훈을 나누어 봅시다.

되새김

예수님의 율법의 완성자로서의 가르침은 거짓되지 않음이 아닌 진실함에 있습니다. 악을 행하지 않음에 있는 것이 아니라 선을 행함에 있습니다. 선으로 위장한 악도 있지만 선이 아님에도 불구하고 선으로 여겨지는 것들이 있습니다. 하나님 사랑, 이웃 사랑의 사랑의 지경을 스스로 제한하여서는 안될 것입니다.

PART

17

외식하는 자
6장1~18절

Key Point

복에 관한 말씀, 의에 관한 말씀에 이어 이번 과는 외식함에 대한 경고의 메시지를 전합니다. 이는 세 가지로 구제와 기도와 금식함에 관한 말씀입니다.

본문 이해

　복에 대한 선언(팔복, 소금과 빛)과 율법의 완성자이신 예수 그리스도에 관한 교훈의 말씀(6개의 반대 명제)에 이어 산상수훈의 세 번째 큰 단락은 외식하는 자에 대한 경고의 메시지입니다. 외식하는 신앙에 대한 경고는 구제와 기도와 금식에 이루어지며 특별히 기도에 있어서는 주기도문을 포함합니다.

1. 외식하는 자에 대한 경고의 메시지의 표제를 살펴봅시다(1절).

　"사람에게 보이려고 그들 앞에서 너희 의를 행하지 않도록 주의하라 그리하지 아니하면 하늘에 계신 너희 아버지께 상을 받지 못하느니라"(1절)

　산상수훈의 세 번째 메시지는 복에 관한 메시지, 의에 관하여 메시지가 아닌 외식함에 대한 경고의 메시지입니다. 외식은 사람에게 보이려고 자신의 의를 행하는 것입니다. 이는 먼저 외식하는 자에게 경고가 됩니다. 왜냐하면 외식은 하나님께 상을 얻지 못하기 때문입니다.

2. 구제에 대한 외식함을 살펴봅시다(2-4절).

　외식에 대한 경고의 메시지는 세 가지로 구제와 기도, 금식에 나타나게 되는데 제일 먼저 구제에 있어 외식함을 경고합니다. 외식은 한편으로 외식하는 자에게 상급을 빼앗을 뿐만 아니라 다른 한편으로 하나님께 향하여 그분의 영광을 빼앗습니다.

"그러므로 구제할 때에 외식하는 자가 사람에게서 영광을 받으려고 회당과 거리에서 하는 것 같이 너희 앞에 나팔을 불지 말라 진실로 너희에게 이르노니 그들은 자기 상을 이미 받았느니라"(2절)

외식하는 자에 대한 경고의 메시지만이 아니라 예수님께서는 구제를 어떻게 해야 하는지에 관하여 권면하십니다.

"너는 구제할 때에 오른손이 하는 것을 왼손이 모르게 하여 네 구제함을 은밀하게 하라 은밀한 중에 보시는 너의 아버지께서 갚으시리라"(3-4절)

3. 기도에 대한 외식함을 살펴봅시다(5-15절).

두 번째 외식함에 대한 경고는 기도에 관하여 나타납니다. 구제가 이웃에게 향한 것이라면 기도는 하나님께 향한 것입니다. 외식하는 자는 온전히 하나님을 바라보지 못하고 사람에게 보이려고 합니다. 구제에 관한 가르침에 있어 외식이 하나님이 받으셔야 할 영광을 자신이 받으려 한다면, 기도에 관한 가르침에서는 외식함은 인간의 타락한 본성에 기초하고 있음을 알 수 있습니다. 그러므로 우리는 이 외식함을 더욱 주의해야 하는 것입니다.

"또 너희는 기도할 때에 외식하는 자와 같이 하지 말라 그들은 사람에게 보이려고 회당과 큰 거리 어귀에 서서 기도하기를 좋아하느니라 내가 진실로 너희에게 이르노니 그들은 자기 상을 이미 받았느니라"(5절)

외식하는 자에 대한 경고의 메시지만이 아니라 예수님께서는 기도를 어떻게 해야 하는지에 관하여 권면하십니다.

"너는 기도할 때에 네 골방에 들어가 문을 닫고 은밀한 중에 계신 네 아버지께 기도하라 은밀한 중에 보시는 네 아버지께서 갚으시리라"(6절)

예수님께서는 제자들에게 외식하는 자뿐만 아니라 이방인의 기도에 관하여도 경계하십니다.
"또 기도할 때에 이방인과 같이 중언부언하지 말라 그들은 말을 많이 하여야 들으실 줄 생각하느니라 그러므로 그들을 본받지 말라 구하기 전에 너희에게 있어야 할 것을 하나님 너희 아버지께서 아시느니라"(7-8절)

예수님께서 가르쳐주신 기도에 관하여서는 다음 과에서 추가적으로 나누겠습니다.

4. 금식에 대한 외식함을 살펴봅시다(16-18절).

세 번째 외식함에 대한 경고는 금식에 관하여 나타납니다. 구제가 이웃에게 향한 것이며 기도가 하나님께 향한 것이라면 금식은 자기 자신에게 향한 것입니다. 금식의 목적은 자기 부정을 통해서 하나님만을 바라보기 위한 것입니다. 그러나 이러한 금식의 참된 목적은 왜곡되어 도리어 사람에게 보이려고 자신의 힘듦을 나타내어 그들의 의를 자랑하는 것입니다.

"금식할 때에 너희는 외식하는 자들과 같이 슬픈 기색을 보이지 말라 그들은 금식하는 것을 사람에게 보이려고 얼굴을 흉하게 하느니라 내가 진실로 너희에게 이르노니 그들은 자기 상을 이미 받았느니라"(16절)

외식하는 자에 대한 경고의 메시지만이 아니라 예수님께서는 구제를 어떻게 해야 하는지에 관하여 권면하십니다.

"너는 금식할 때에 머리에 기름을 바르고 얼굴을 씻으라 이는 금식하는 자로 사람에게 보이지 않고 오직 은밀한 중에 계신 네 아버지께 보이게 하려 함이라 은밀한 중에 보시는 네 아버지께서 갚으시리라"(17-18절)

묵 상

01 구제에 관한 교훈의 말씀을 나누어 봅시다.

02 기도에 관한 교훈의 말씀을 나누어 봅시다.

03 금식에 관한 교훈의 말씀을 나누어 봅시다.

되새김

외식함은 결국 자신의 상을 이미 받음으로 자신에게 무익하며 하나님의 영광을 자신이 받음으로 하나님을 향하여 무익한 것입니다. 문제는 이러한 외식함은 인간의 본성에 속한 일이므로 이를 철저히 의식하고 은밀히 행하며 은밀한 중에 계신 아버지를 의식하는 것이 신앙의 한 훈련이 됩니다.

PART

18

주기도문 1
6장 9~15절

Key Point

주기도문은 외식하는 자에 대한 경계의 세 가지 말씀인 구제, 기도, 금식에 관한 말씀 중에 기도에 관한 가르침 가운데 있습니다. 이번 과는 주기도문의 처음 세 가지 간구에 관하여 나눕니다.

본문 이해

예수님께서는 기도에 관하여 가르치시며 '너희는 이렇게 기도하라' 고 하셨습니다. 이는 주님께서 가르쳐주신 주기도문을 반복하라는 말씀이 아닙니다. 주기도문으로 이방인의 기도를 할 뿐입니다. 예수님께서 이렇게 기도하라 함은 주기도문을 통해서 우리가 어떻게 기도해야 하는지를 알게 하시는 것입니다. 곧 주기도문을 바르게 알아 우리의 기도가 참되게 달라져야 합니다.

1. "하늘에 계신 우리 아버지여"(9절).

주기도문은 처음 호칭과 6개의 탄원적인 기도문과 송영으로 이루어졌습니다. 이 가운데 처음 호칭은 '하늘에 계신 우리 아버지여'입니다.

첫째, 먼저 이 호칭의 부름은 우리의 기도의 대상은 분명하게 하나님이심을 보여줍니다. 우리는 외식하는 자와 같이 사람을 의식하고 더 나아가 사람을 향하여 기도하는 사람들이 되어서는 안 될 것입니다. 예수님께서는 은밀한 중에 기도하라고 가르치십니다. 그것은 기도의 대상이 누구인지를 확실히 하시는 말씀입니다. 하나님께서 은밀한 기도를 기뻐하시는 이유는 사람 앞에 은밀할 때에 전적으로 하나님을 신뢰함을 증거하기 때문입니다. 우리는 전적으로 하나님을 향하여 기도할 수 있어야 합니다.

둘째, 우리 하나님은 하늘에 계시며, 하늘에 계신 하나님을 향한 기도는 입술의 기도로 미칠 수 없습니다. 중요한 것은 우리가 목소리를 높임에 있는 것이 아니라 우리의 중심의 기도를 드릴 수 있어야 하는 것입니다. 사람은 외모를 보지만 우리 하나님은 중심을 보시는 하나님이십니다.

셋째, 우리는 하나님을 향한 두려움을 가져야 합니다. 하나님이 하늘에 계시다는 것은 단지 하나님께서 하늘에 계신 것만을 가르치는 것이 아니라 하나님께서 하늘과 땅의 모든 것을 주관하고 계심을 고백하는 것입니다.

넷째, 하나님은 아버지가 되십니다. 하나님은 하늘에 계시다는 것은 우리들에게 두려움과 경외감을 주나 그분은 또한 아버지 되심을 잊어서는 안 될 것입니다. 우리는 경외감만을 가진 나머지 하나님과의 친밀감을 상실해서는 안 될 것입니다. 사랑과 공의가 함께 하듯, 사랑의 친밀감과 경외심은 함께 하는 것입니다. 마치 아이가 부모의 회초리를 무서워하면서도 그렇게 빨리 그 사랑의 품으로 다시 돌아오는 것과 마찬가지입니다.

다섯째, 참된 신앙은 공동체적입니다. 주님의 기도는 나의 아버지가 아닌 우리 아버지임을 말씀하심으로 우리의 신앙의 올바른 방향성을 찾게 해 줍니다. 신앙은 결코 개인적으로 내재화되는 나만의 신앙은 옳지 않습니다. 그분은 나만의 아버지가 아닌 우리 아버지임을 기억할 때 우리는 서로의 필요를 채워주는 한 아버지의 형제로서의 책임과 의무를 다하여야 할 것입니다.

2. 첫 번째 탄원: "이름이 거룩히 여김을 받으시오며"(9절).

기도의 순서는 기도의 우선순위를 우리들에게 가르쳐 줍니다. 곧 하나님께 영광을 돌리며 그분을 먼저 구하는 것이 우리 자신의 필요를 구하는 것보다 선행되어야 합니다.

이름은 한 인격의 존재 자체를 말하는 것입니다. 또한 이름은 한 존재의 권세, 영향력을 말합니다. 우리는 이와 같은 기도를 드림으로 하나님께서 아버지의 이름이 아버지의 힘에 의해 영광을 나타내시며 거룩히 여김을 받게 해 달라고 기도하는 것입니다.

첫째, 이는 적극적인 계명입니다. 십계명의 세 번째 계명이 하나님의 이름을 망령되이 일컫지 말라는 것이었습니다. 이는 다소 피동적인 일입니다. "너는 너의 하나님 여호와의 이름을 망령되이 일컫지 말라 나 여호와는 나의 이름을 망령되이 일컫는 자를 죄 없다 하지 아니하리라"(출 20:7)

그러나 주기도문은 이제 적극적인 요구를 하고 계십니다. 성도는 단순히 하나님의 이름을 망령되이 일컫지 않음으로 만족할 것이 아니라 더 적극적으로 그 이름이 거룩히 여김을 받으시기를 간구하여야 하는 것입니다.

둘째, 이는 우리의 삶에 대한 결단입니다. 이는 단순히 그 이름이 거룩히 여김을 받으심을 간구하는 것이 아닙니다. 이는 우리들의 삶이 하나님의 영광을 위하여 삶에 대한 결단이며 고백입니다. 그 이름의 거룩함을 구하는 자는 이제 그 이름의 거룩함을 위하여 사는 것입니다.

셋째, 거룩함에 대한 결단입니다. 하나님의 이름에 대한 거룩함에 대한 기도는 곧 우리 자신의 거룩함에 대한 결단입니다. 주의 거룩함은 곧 인생의 거룩함과 연결되어 있기 때문입니다.

3. 두 번째 탄원: "나라가 임하시오며"(10절).

첫째, 우리는 기도할 때에 먼저 그의 나라와 그의 의를 위하여 기도합니다. 곧 하나님의 나라가 속히 임하는 것을 기도하는 것입니다. 우리들의 시민권은 하늘에 있고 이 땅에 속한 나라가 아닌 하나님의 나라입니다.

둘째, 하나님의 나라는 어떠한 공간적인 의미보다는 하나님의 다스림과 통치의 면으로 보아야 합니다. 물론 그 날에 우리 앞에 새 하늘과 새 땅이 임하겠지만 그러한 실낙원이 우리로 하여금 만족케 하는 것이 아닙니다. 따라서 우리는 이 세상에 살고 있지만 하나님의 인도하심과 통치를 받으면서 부분적으로 이 땅 가운데서도 하나님 나라 가운데 산다고 말할 수 있을 것입니다.

4. 세 번째 탄원: "뜻이 하늘에서 이루어진 것 같이 땅에서도 이루어지이다"(10절).

하나님께 향한 기도문에 있어서 이름, 나라, 뜻 중에 마지막 뜻에 관한 말씀입니다. 이 한 구절로 우리는 무엇보다도 우리의 기도는 우리의 뜻을 구하는 기도가 아니라 하나님의 뜻을 구하는 기도가 되어야 함을 가르칩니다. 이미 우리의 뜻은 이 기도문에 이를 때에 무너지는 것입니다. 더 나아가 기도란 하나님의 뜻을 찾아가는 것입니다. 우리가 알지 못하는 그 뜻을 구하는 것이 바로 기도입니다.

우리는 성경을 통해서 하나님의 뜻을 발견하고 깨닫고 그 뜻을 위하여 사는 인생이 되어야 할 것입니다.

"내 아버지의 뜻은 아들을 보고 믿는 자마다 영생을 얻는 이것이니"(요 6:40)

"하나님의 뜻은 이것이니 너희의 거룩함이라"(살전 4:3)

"항상 기뻐하라 쉬지 말고 기도하라 범사에 감사하라 이는 그리스도 예수 안에서 너희를 향하신 하나님의 뜻이니라"(살전 5:16-18)

"누구든지 하늘에 계신 내 아버지의 뜻대로 하는 자가 내 형제요 자매요 모친이니라"(마 12:50)

묵상

01 주기도문의 첫 번째 기도문에 관하여 나누어 봅시다.

02 주기도문의 두 번째 기도문에 관하여 나누어 봅시다.

03 주기도문의 세 번째 기도문에 관하여 나누어 봅시다.

되새김

주기도문은 크게 두 부분으로 하나님을 향한 것과 사람을 향한 것으로 십계명의 구조와 같습니다. 특별히 주기도문에서 간구하는 것은 하나님을 향한 것으로 하나님의 다스림이 있기를 간구하는 것이며 사람을 향한 것은 하나님의 그 다스림이 우리들의 삶 속에서 이루어지기를 간구하는 것입니다.

PART

19

주기도문 2
6장9~15절

Key Point

주기도문은 외식하는 자에 대한 경계의 세 가지 말씀인 구제, 기도, 금식에 관한 말씀 중에 기도에 관한 가르침 가운데 있습니다. 이번 과는 주기도문 가운데 사람을 향한 세 가지 간구에 관하여 전합니다.

1. 네 번째 탄원: "오늘 우리에게 일용할 양식을 주시옵고"(11절).

일용할 양식에 관한 간구는 인생을 위한 간구의 첫 번째 간구입니다. 특별히 일용할 양식에 대한 간구는 물질에 대한 간구입니다. 하나님께서는 우리의 물질적 간구를 인정하십니다. 영적인 생활은 물질적인 생활을 무시하지 않습니다. 하나님께서는 사람을 지으실 때에 영적인 존재로 지으셨지만 영으로만 짓지 않으신 영과 육의 총체적인 인간으로 지으셨습니다.

일용할 양식을 구함은 여러 가지 의미를 가질 수 있습니다. 이는 우리의 삶에 대한 참된 공급처가 하나님께로 말미암음에 대한 고백입니다. 일용할 양식의 간구는 우리의 염려를 주께 맡기게 합니다.

그러나 특별히 일용할 양식의 간구는 우리들로 하여금 물질을 다스리게 합니다. 하나님께 구하되 우리는 더 많은 것을 구할 수 있을 것입니다. 그러나 일용할 양식을 구하는 것은 우리들에게 물질이 필요하되 그 물질에 대한 욕심으로 말미암아 물질에 메는 것을 경계하는 것입니다. 우리에게 물질이 필요하되 그 물질을 다스릴 수 있는 사람들이 되어야 합니다. 하나님께서는 우리들에게 물질이 필요함을 누구보다도 잘 아십니다. 그러나 이 물질이 우리들을 다스릴 수 있음에 관해서 경고하시며 우리들에게 물질을 다스리라고 가르치시는 것입니다.

2. 다섯 번째 탄원: "우리가 우리에게 죄 지은 자를 사하여 준 것 같이 우리 죄를 사하여 주시옵고"(12절).

다섯 번째 간구는 용서에 관한 간구입니다. 우리는 하나님의 용서함을 받은 자로서 용서할 수 있으며 더 나아가 계속적인 하나님의 용서를 간구하는 것입니다. 일용할 양식을 구함으로 말미암아 물질에 대한 다스림이 있었다면 용서하는 삶을 통해서 관계에 대한 다스림이 회복되는 것입니다.

우리가 용서해야 할 중요한 이유가 있습니다. 용서는 이 땅에 악의 순환을 끊는 것이 되기 때문입니다. 악의 순환을 끊는 유일한 길은 바로 용서입니다.

용서를 하지 못할 때에 가해자는 누구입니까? 물론 내가 용서하지 못하는 그 사람이 나에게 대한 가해자가 될 수 있을 것입니다. 그러나 용서하지 못할 때에 나는 나 자신에 대한 또 다른 가해자가 된다는 것을 알아야 합니다. 원한과 분노를 버리지 못하고 내 안에 쌓아둘 때에 그러한 독은 결국 나 자신을 상하게 하는 것입니다.

우리 자신을 위한 두 번째 기도문이 용서라는 사실을 잊지 말아야 할 것입니다. 우리는 누군가를 용서하며 계속적인 하나님의 용서하심 가운데 설 수 있는 것입니다.

특별히 이 용서에 대한 주기도문의 가르침은 주기도문을 마친 후에 한 번 더 부연 설명됨을 주목해 보아야 합니다.

"너희가 사람의 잘못을 용서하면 너희 하늘 아버지께서도 너희 잘못을 용서하시려니와 너희가 사람의 잘못을 용서하지 아니하면 너희 아버지께서도 너희 잘못을 용서하지 아니하시리라"(마 6:14-15)

3. 여섯 번째 탄원: "우리를 시험에 들게 하지 마시옵고 다만 악에서 구하시옵소서"(12절).

하나님이 통치와 다스림을 받는 자는 자신의 삶의 다스림을 가질 수 있습니다. 그것은 영적인 다스림이며, 정신적인 다스림이며, 육적인 다스림입니다. 이제 인생을 위한 세 번째 간구는 영적인 다스림에 속합니다.

물질에 대한 간구는 알지만 용서에 대한 간구가 필요함을 깨닫기 힘든 것처럼 더 나아가 우리 자신을 위하여 간구할 때에 시험에 들지 않기를 간구하는 것은 깨닫기 어렵습니다. 여섯 번째 간구는 우리의 육이 아닌 우리의 영혼을 바라봄이 됩니다.

'시험에 들게 하지 마시옵고'라는 기도문은 시험 자체를 부정하고 만나지 않기를 간구하는 기도문이 아닙니다. 우리가 이 기도문을 드릴 때에 우리는 우리가 만나는 시험들로 말미암아 유혹으로 말미암아 넘어지지 않기를 간구하는 것입니다. 그것은 여러 가지 시험을 만날 때에 반대로 하나님께 더욱더 훈련의 기회가 되기를 간구하는 것입니다.

우리는 일용한 양식으로 날마다 주께서 채워주실 것을 기도하여야 합니다. 또한 우리의 연약함을 고백하며 날마다 죄의 용서함을 간구하여야 합니다. 이제 세 번째 기도문으로 우리가 만일 죄의 용서함을 구하고 죄의 용서함을 얻는다면 다시 그 죄 가운데로 들어가지 않기를 간구하여야 할 것입니다. 날마다 성화되고 거룩한 삶을 살기를 간구함이 우리들 가운데 있어야 할 것입니다.

4. 송영: "나라와 권세와 영광이 아버지께 영원히 있사옵나이다 아멘"(13절)

마지막 송영입니다. 주님께서는 기도의 마지막을 우리를 향한 기도문으로 마치시지 않고 다시 한번 하나님께 영광을 돌리며 마칩니다.

우리의 기도가 나를 향한 간구의 기도를 끝이 나지 않도록 주의하여야 할 것입니다. 그것이 하나님 나라를 향한 것이든, 우리를 향한 것이든, 나를 향한 것이든 이 모든 것을 통해서 하나님의 영광이 나타나기를 간구하는 것이 바로 신앙인의 바른 태도인 것입니다.

묵상

01 주기도문의 네 번째 기도문에 관하여 나누어 봅시다.

02 주기도문의 다섯 번째 기도문에 관하여 나누어 봅시다.

03 주기도문의 여섯 번째 기도문에 관하여 나누어 봅시다.

되새김

하나님의 다스림이 우리들의 삶 가운데 나타나기를 간구하는 주기도문은 우리의 육에 대한 다스림이며, 혼에 대한 다스림이며 마지막으로 영에 대한 다스림입니다. 물질을 통해서, 용서를 통해서, 시험을 통해서 이러한 다스림이 구체적으로 나타나게 됩니다.

PART

20

보물을 하늘에 쌓아 두라
6장19~34절

Key Point

외식함은 사람을 바라보는 것입니다. 외식함에는 상급이 없습니다. 이제 바라보아야 할
것은 하늘입니다. 사람에게 영광을 얻는 것은 자기에게 아무런 유익이 없습니다. 그러나
하늘에 보물을 쌓는 일은 진정으로 자신을 위한 일입니다.

'복에 대한 선언'(팔복, 소금과 빛)과 '율법의 완성자이신 예수 그리스도에 관한 교훈의 말씀'(6개의 반대 명제), '외식하는 자에 대한 경고의 메시지'에 이어 산상수훈의 네 번째 단락은 '보물을 하늘에 쌓아두라' 입니다. 이는 '권면의 말씀'입니다. 하늘에 보물을 쌓는 일은 단지 안전한 일만이 아닙니다. 자신에게 단지 유익한 일만이 아닙니다. 이번 과는 하늘에 보물을 쌓는 일의 여러 가지 유익함에 관하여 함께 전합니다.

1. 보물을 하늘에 쌓아 두라 하심을 살펴봅시다(19-20절).

사람에게 보이려고 그들 앞에서 너희 의를 행하지 않도록 주의하라 하심은 그것이 결국 자신을 위한 일이 아니기 때문입니다. 외식하는 자는 아버지께 상을 받지 못하기 때문입니다. 이제 '너희를 위하여' 어떻게 해야 하는지에 관하여 말씀하시며 보물을 하늘에 쌓아 두라고 가르치십니다. 보물을 땅에 쌓아두어서는 안됩니다. 왜냐하면 거기는 좀과 동록이 해하며 도둑이 구멍을 뚫고 도둑질하기 때문입니다. 이 땅에 쌓는 보물은 쇠하며, 영원할 수 없을 뿐만 아니라 누군가에 의해서 빼앗기기까지 합니다. 그러나 하늘의 보물은 영원하며 누구도 빼앗을 수 없는 것입니다. 그러므로 보물은 이 땅에 아닌 하늘에 쌓아 두어야 합니다.

2. 보물이 있는 곳에는 무엇이 있습니까?(21절)

보물이 있는 곳에는 또한 마음도 있습니다. 예수님께서는 우리를 위하여 보물을 하늘에 쌓을 것을 말씀하실 뿐만 아니라 우리의 마음이 하늘에 있기를 바라시는 것입니다.

3. 눈은 몸의 등불이 됨을 살펴봅시다(22-23절).

마음에 관한 말씀에서 이제는 보다 외적으로 눈에 대한 말씀을 주십니다. 눈은 몸의 등불이 됩니다. 눈이 성하면 온 몸이 밝으나 눈이 나쁘면 온 몸이 어두워집니다. 눈에 관한 말씀을 하심은 온전한 분별력에 대한 말씀이 됩니다. 땅에 보물을 쌓는 자는 영적인 눈이 어두운 사람입니다. 보물을 하늘에 쌓아둘 때에 우리의 마음 또한 하늘에 두고 살 수 있으며 영적으로 밝은 삶을 살 수 있는 것입니다.

4. 두 주인에 관한 말씀을 살펴봅시다(24절).

보물을 하늘에 쌓아두라는 말씀은 보물에 관한 말씀만 아닌 마음-눈에 이어 주인에 관한 가르침으로 이어집니다. 보물을 어디에다가 쌓는가는 보물에 관한 말씀만 아닌 마음에 대한 문제요, 밝음과 어두움에 관한 문제요, 더 나아가 그 사람의 주인이 누구이신가를 보이는 것입니다.

"한 사람이 두 주인을 섬기지 못할 것이니 혹 이를 미워하고 저를 사랑하거나 혹 이를 중히 여기고 저를 경히 여김이라 너희가 하나님과 재물을 겸하여 섬기지 못하느니라"(24절)

결국 땅에 재물을 쌓는 자는 하나님을 사랑하는 자가 아닌 재물을 사랑하는 자이며, 하나님을 중히 여기는 자가 아니라 재물을 중히 여기는 자입니다. 문제는 재물을 사랑할 때에 하나님을 미워하게 되며, 재물을 중히 여길 때에 하나님을 경히 여기게 됩니다. 이는 하나님을 섬김이 아닌 재물을 섬김으로 나타나게 되는 것입니다.

5. 염려에 관한 말씀을 살펴봅시다(25-32절).

앞선 다소 짧은 말씀의 가르침과 비교해서 상당히 긴 본문의 말씀이 염려에 관하여 교훈하십니다. 목숨을 위하여 무엇을 먹을까 무엇을 마실까 몸을 위하여 무엇을 입을까 염려하지 말라고 하셨습니다. 더 중요한 것은 먹을 것과 마실 것이 아닌 목숨입니다. 몸을 위하여 입을 것을 염려하지만 더 중요한 것은 몸입니다. 사람들은 어느 순간 더 중요한 것을 위해서 덜 중요한 것을 더 염려하게 됩니다. 염려는 근본적인 문제의 해결을 가지고 올 수 없습니다. "너희 중에 누가 염려함으로 그 키를 한 자라도 더할 수 있겠느냐"(27절) 더 나아가 참되게 먹이시고 입히시는 이는 하나님이십니다.

"또 너희가 어찌 의복을 위하여 염려하느냐 들의 백합화가 어떻게 자라는가 생각하여 보라 수고도 아니하고 길쌈도 아니하느니라 그러나 내가 너희에게 말하노니 솔로몬의 모든 영광으로도 입은 것이 이 꽃 하나만 같지 못하였느니라 오늘 있다가 내일 아궁이에 던져지는 들풀도 하나님이 이렇게 입히시거든 하물며 너희일까보냐 믿음이 작은 자들

아"(28-30절)

앞서 기도에 관하여 이방인과 같이 중언부언하지 말라고 하셨다면(7절) 염려하여 무엇을 먹을까 무엇을 마실까 무엇을 입을까 하는 것은 이방인들이 구하는 것입니다. 왜냐하면 하늘 아버지께서는 이 모든 것이 우리에게 있어야 할 줄을 아시기 때문입니다.

6. 먼저 그의 나라와 그의 의를 구하라 하심을 살펴봅시다(33-34절).

앞선 말씀, 시작의 말씀에서 너희를 위하여 보물을 땅에 쌓아두지 말고 하늘에 쌓아두라고 하셨습니다. 그리고 이에 대한 여러 가지 교훈들을 하셨습니다. 이제 이에 대한 결론적인 말씀이 무엇인지를 살펴보아야 합니다. 하늘에 보물을 쌓는 일은 단순히 더 많은 헌금을 이야기하는 것이 아닙니다. 하늘에 보물을 쌓는 일은 먼저 그의 나라와 그의 의를 구하는 것입니다.

염려는 지극히 약한 것으로 위장합니다. 그러나 이는 보물을 하늘에 쌓아둠에 있어, 먼저 그의 나라와 그의 의를 구함에 있어 가장 해로운 것임을 알아야 합니다. 더 나아가 염려는 내일의 괴로움까지도 오늘에 안고 살게 합니다.

묵 상

01 보물을 하늘에 쌓아 두어야 할 이유는 무엇입니까?

02 두 주인의 섬김에 관하여 나누어 봅시다.

03 염려에 대한 말씀의 가르침은 무엇입니까?

되새김

보물을 하늘에 쌓아둠은 참된 안전과 보장이 있으며, 그 마음을 땅이 아닌 하늘에 둠이며, 어두움이 아닌 밝음이며, 재물이 아닌 하나님을 섬김이며, 염려가 아닌 그의 나라와 그의 의를 구함이 되는 것입니다.

PART

21

비판하지 말라
7장1~12절

Key Point

의를 행하는 자가 주의해야 할 바는 사람에게 보이려는 것입니다. 이제 하늘에 보물을 쌓는 자가 또한 주의해야 할 바는 비판하는 일입니다. 비판을 금하심은 비판받지 않기 위함이며 더 나아가 섬기기 위함입니다.

본문 이해

'복에 대한 선언'(팔복, 소금과 빛)과 '율법의 완성자 이신 예수 그리스도에 관한 교훈의 말씀'(6개의 반대 명제), '외식하는 자에 대한 경고', '보물을 하늘에 쌓아두라는 권면의 말씀'에 이어 산상수훈의 다섯 번째 단락은 '비판하지 말라는 금함의 말씀'입니다. 하늘에 보물을 쌓는 자의 여러 유익함을 살펴보았듯이 비판을 금함은 자신에게 유익하며 남에게까지 유익합니다.

1. 비판하지 말라 하심의 이유는 무엇입니까?(1-5, 12절)

비판을 받지 않으려면 비판하지 말아야 합니다. 비판은 곧 비판을 가지고 옵니다. 자신이 하는 그 비판으로 그 자신도 비판을 받게 됩니다. 사람은 헤아리는 그 헤아림으로 동일하게 헤아림을 받게 됩니다.

사람은 형제의 눈 속에 있는 티는 보지만 자신의 눈에 있는 들보는 깨닫지 못합니다. 이것이 바로 인생의 한계입니다. 먼저 자신의 눈에 들보를 빼어야 할 것입니다. 그 후에야 밝히 보고 형제의 눈 속에 티를 뺄 수 있습니다.

그러나 비판하지 말라는 것은 단지 비판받지 않기만을 위함이 아닙니다. 이 말씀의 결론이 어디에 있는지를 확인해 보아야 합니다.

"그러므로 무엇이든지 남에게 대접을 받고자 하는 대로 너희도 남을 대접하라 이것이 율법이요 선지자니라"(12절)

말씀의 이끄심은 비판함에 목적이 아니라 섬김과 대접함에 있는 것입니다.

2. 분별에 관한 말씀을 살펴봅시다(6절).

"거룩한 것을 개에게 주지 말며 너희 진주를 돼지 앞에 던지지 말라 그들이 그것을 발로 밟고 돌이켜 너희를 찢어 상하게 할까 염려하라"(6절)

앞선 말씀에서 비판하지 말라 하심은 분별을 금하신 말씀이 아닙니다. 말씀은 도리어 거룩한 것을 개에게 주지 말며 너희 진주를 돼지 앞에 던지지 말라 하였습니다. 그들은 거룩하고 귀한 것을 욕되게 하며 훼손케 하며 더 나아가 그것을 전하는 자를 해하기까지 하는 것입니다. 그러므로 남을 비판을 하지 않되 영적 분별을 가져야 하는 것은 복음을 전하는 자의 마땅한 바입니다.

3. 구하라 찾으라 두드리라 하심을 살펴봅시다(7-11절).

비판의 금지를 통해서 자신을 헤아려야 함을 가르치시며, 영적 분별력을 통해서 다른 사람들을 잘 헤아려야 함을 알게 하신다면 이제 세 번째는 하나님과의 관계에 관한 말씀입니다.

구하라 찾으라 두드리라 함은 구함에 대한 보다 자세하고 점진적인 교훈입니다. 구함은 간구를, 찾음은 행동을, 두드림은 인내와 기다림을 교훈합니다.

구하는 이마다 받을 것이며, 찾는 이가 찾아낼 것이며 두드리는 이에게 열릴 것이라는 말씀은 구하는 자에게 주시겠다는 확실성에 관한 말씀입니다.

이러한 하나님의 자녀들에게 주신 약속과 특권에 대하여 보다 강하게 붙들게 하시기 위하여 두 가지 예화를 더하십니다.

"너희 중에 누가 아들이 떡을 달라 하는데 돌을 주며 생선을 달라 하는데 뱀을 줄 사람이 있겠느냐"(10절)

하나님께서는 주심에 대한 확실성에 대한 말씀을 깨닫게 하시기 위하여 하나님 아버지 자신을 악한 자에게까지 빗대어 말씀하십니다.

"너희가 악한 자라도 좋은 것으로 자식에게 줄줄 알거든 하물며 하늘에 계신 너희 아버지께서 구하는 자에게 좋은 것으로 주시지 않겠느냐"(11절)

4. 황금율의 말씀을 살펴봅시다(12절).

"그러므로 무엇이든지 남에게 대접을 받고자 하는 대로 너희도 남을 대접하라 이것이 율법이요 선지자니라"(12절)

황금율의 말씀은 마태복음 7장7-11절의 결론이며, 그 이전에 7장1절 이하 말씀의 결론입니다. 비판하지 말라는 부정적인 말씀은 구하라는 말씀의 긍정의 말씀으로 이어지며 이 구함의 목적에 관하여까지 알게 하십니다.

묵상

01 비판에 관한 교훈에 관하여 나누어 봅시다.

02 영적인 분별력에 관한 교훈을 나누어 봅시다.

03 하나님께 구하는 바에 관하여 나누어 봅시다.

되새김

믿음의 삶은 자신을 향한 자기 성찰이며, 타인을 향한 분별이며 하나님께 향한 구함입니다. 그리고 이 모든 것은 섬김과 대접함으로 이어져야 할 것입니다. 무엇이든지 남에게 대접을 받고자 하는 대로 남을 대접하는 것이 말씀의 스피릿입니다.

PART

22

좁은 문으로 들어가라
7장13~29절

Key Point

팔복의 말씀으로 복을 선언하셨다면 이제 좁은 문으로 들어가라 말씀하시며 결단을 촉구하십니다. 복음은 하나님 나라의 선포와 회개의 촉구입니다. 천국은 회개를 전제하며, 회개는 천국을 약속합니다.

'복에 대한 선언'(팔복, 소금과 빛)과 '율법의 완성자이신 예수 그리스도에 관한 교훈'(6개의 반대 명제), '외식하는 자에 대한 경고', '보물을 하늘에 쌓아두라는 권면', '비판하지 말라는 금함의 말씀'에 이어 산상수훈의 마지막 여섯 번째 단락은 '좁은 문으로 들어가라는 결단의 말씀'입니다.

특별히 여섯 번째 단락에서는 반복적으로 두 가지 대립을 제시합니다.

1. 생명으로 인도하는 문(좁은 문) vs 멸망으로 인도하는 문(넓은 문)
2. 좋은 나무와 아름다운 열매 vs 못된 나무와 나쁜 열매
3. 아버지의 뜻대로 행하는 자 vs 주여 주여 하는 자
4. 반석 위에 집은 지은 자 vs 모래 위에 집을 지은 자

1. 좁은 문으로 들어가라 하심을 살펴봅시다(13–15절).

믿음의 사람들은 좁은 문으로 들어가야 합니다. 멸망으로 인도하는 문은 크고 그 길이 넓어 그리로 들어가는 자가 많으나 생명으로 인도하는 문은 좁고 길이 협착하여 찾는 자가 적습니다.

좁은 문은 생명으로 인도하는 문입니다. 좁은 문에는 좁은 길이 있습니다. 그것은 불편합니다. 그러나 이것은 생명으로 인도하는 문입니다.

좁은 문에는 협착한 길이 있습니다. 그것은 힘든 길입니다. 그러나 이것은 생명으로 인도하는 문입니다.

좁은 문에는 찾는 자가 적습니다. 그것은 외롭습니다. 그러나 이것은 생명으로 인도하는 문입니다.

2. 거짓 선지자들에 대한 경계의 말씀을 살펴봅시다(15절).

"거짓 선지자들을 삼가라 양의 옷을 입고 너희에게 나아오나 속에는 노략하는 이리라"(15절)

하나님께서 하나님의 백성을 인도하실 때에 말씀과 성령과 하나님의 종들을 통해서 인도하신다면 잘못된 인도하심은 하나님의 종이 아닌 사단의 종들인 거짓 선지자들을 통해서 나타납니다. 만일 우리들이 진심으로 주님을 섬기고 열심을 다해 주를 섬겼음에도 불구하고 우리들을 인도하였던 자들이 거짓 선지자들이었다면 이는 얼마나 두렵고 허망한 일입니까? 그러므로 믿음과 신앙에 있어서 중요한 가르침은 바로 거짓 선지자들에 대한 경계입니다. 그들은 외면적으로는 양의 옷을 입고 나옵니다. 그러므로 누구도 그들을 거짓 선지자로 알 수 없습니다. 이삭이 야곱의 속임에 분별하지 못하였던 바와 같이 우리들의 보고 만지는 것으로는 거짓 선지자들을 분별할 수 없습니다. 이러한 외면과 달리 이들의 속은 무엇인지 깨달아야 합니다. 이들은 속으로는 노략하는 이리들인 것입니다.

3. 거짓 선지자들에 대한 분별은 무엇입니까?(16-18절)

"그들의 열매로 그들을 알지니 가시나무에서 포도를, 또는 엉겅퀴에서 무화과를 따겠느냐 이와 같이 좋은 나무마다 아름다운 열매를 맺고 못된 나무가 나쁜 열매를 맺나니 좋은 나무가 나쁜 열매를 맺을 수 없고 못된 나무가 아름다운 열매를 맺을 수 없느니라"(16-18절)

거짓 선지자들의 외면으로 보는 것도 내면을 보는 것도 사람이 할 수 있는 일이 아닙니다. 외면을 볼 때에 그들은 양의 옷을 입고 있음으로 분별할 수 없고 그들의 내면(속)은 사람이 볼 수 있는 바가 아니기 때문입니다. 사람은 외모를 보지만 하나님은 중심을 보십니다. 그러나 반대로 하나님은 중심을 보시지만 사람은 다만 거짓된 외면만 볼 뿐입니다.

그러나 그들을 분별할 수 있는 한 가지가 있습니다. 그것은 외면도 내면도 아닌 '열매'입니다. 그들의 열매를 보며 그들의 정체를 보게 되는 것입니다. 그들은 자신의 열매까지 속일 수는 없는 것입니다. 이에 대해서 말씀은 세 번에 걸쳐 분명히 선언합니다.

1. 가시나무에서 포도나무를, 엉겅퀴에서 무화과를 딸 수 없습니다.

2. 좋은 나무마다 아름다운 열매를 맺고 못된 나무가 나쁜 열매를 맺습니다.

3. 좋은 나무가 나쁜 열매를 맺을 수 없고 못된 나무가 아름다운 열매를 맺을 수 없습니다.

4. 아름다운 열매를 맺지 아니하는 나무의 종말을 살펴봅시다(19-20절).

거짓 선지자들은 노략하는 이리이며 못된 나무로 나쁜 열매를 맺으며 그 종말은 찍혀 불에 던져지게 됩니다. 이것은 이들에 대한 준엄한 경고의 메시지가 됩니다. 그러므로 믿음의 사람들은 종들을 분별하여 그들의 열매로 그들을 알 것입니다.

5. 주여 주여 하는 자에게 관하여 살펴봅시다(21-23절).

21절 이하의 단락은 20절과 단절된 듯 보이지만 연속적으로 볼 수 있습니다. 주여 주여 하는 자들은 주의 이름으로 선지자 노릇을 한 자들로(22절) 이들은 앞선 거짓 선지자들의 한 모습을 분명히 보여주기 때문입니다. 동시에 '주여 주여 하는 자'들은 믿음의 사람들의 일면을 보여줌으로 경계의 말씀을 들려주십니다.

이제 문제의 심각성은 '주여 주여 하는 자'들은 사람들을 향하여 거짓되며 노략하는 이리일 뿐만 아니라 '주'를 향하여 기만하고 있다는 것입니다.

그러나 예수님께서는 분명하게 이들을 분별하십니다. 그리고 가르치시기를 '나더러 주여 주여 하는 자마다 다 천국에 들어갈 것이 아니요'라고 선언하십니다. 이들은 천국 백성과 상관이 없는 것입니다. 앞서 아름다운 열매를 가르쳐주셨다면 참된 아름다운 열매가 무엇인지를 보게 하십니다. '하늘에 계신 내 아버지의 뜻대로 행하는 자라야 들어가리라' 한편으로 열매를 가르치셨다면 다른 한편으로는 아버지의 뜻대로 행함을 가르치십니다. 어떻게 아름다운 열매를 맺을 수 있습니까? 그것은 아버지의 뜻대로 행할 때에 맺을 수 있는 것입니다. 나쁜 열매는 보이는 바 또한 아름다운 열매로 보일 수 있습니다. 그러나 그것은 불법일 뿐입니다.

"그 날에 많은 사람이 나더러 이르되 주여 주여 우리가 주의 이름으로 선지자 노릇 하며 주의 이름으로 귀신을 쫓아 내며 주의 이름으로 많은 권능을 행하지 아니하였나이까 하리니"(22절)

"그 때에 내가 그들에게 밝히 말하되 내가 너희를 도무지 알지 못하니 불법을 행하는 자들아 내게서 떠나가라 하리라"(23절)

6. 반석 위에 집을 지은 자와 모래 위에 지은 자를 살펴봅시다(24-27절).
"그러므로 누구든지 나의 이 말을 듣고 행하는 자는 그 집을 반석 위에 지은 지혜로운 사람 같으리니 비가 내리고 창수가 나고 바람이 불어 그 집에 부딪치되 무너지지 아니하나니 이는 주추를 반석 위에 놓은 까

닭이요 나의 이 말을 듣고 행하지 아니하는 자는 그 집을 모래 위에 지은 어리석은 사람 같으리니 비가 내리고 창수가 나고 바람이 불어 그 집에 부딪치매 무너져 그 무너짐이 심하니라"(24-27절)

거짓 선지자에 대한 경고의 말씀은(15절) '주여 주여 하는 자'로 확장되었으며(21절) 이제 더욱 일반화되어 그 집을 모래 위에 지은 사람에 관하여 말씀하십니다. 문제는 무엇입니까? 하나님의 말씀을 듣지 않음이며 또한 행하지 않음입니다.

7. 예수님께서 말씀을 마치심을 살펴봅시다(28-29절).
"예수께서 이 말씀을 마치시매 무리들이 그의 가르치심에 놀라니 이는 그 가르치시는 것이 권위 있는 자와 같고 그들의 서기관들과 같지 아니함일러라"(28-29절)

반석 위에 지은 집과 모래 위에 지은 집의 비유의 이야기로 모든 예수님의 말씀이 마쳤습니다. 5-7장까지의 모든 말씀이 마무리되었으며 무리들이 그의 가르치심에 놀랐습니다. 이는 그 가르치시는 것이 권위 있는 자와 같고 그들의 서기관들과 같지 않았기 때문입니다.

묵 상

01 거짓 선지자에 관하여 나누어 봅시다.

02 주여 주여 하는 자에 관하여 나누어 봅시다.

03 모래 위에 집을 지은 자에 관하여 나누어 봅시다.

되새김

거짓 선지자는 노략질하는 이리일 뿐만 아니라 자기 자신에게 조차 속은 자이며 자신의 미래에 관하여 낙관합니다. 그러나 그들에 대한 반복적인 경고의 말씀이 어떠한가를 자세히 살펴보아야 할 것입니다(19절, 23절, 27절).

PART

23

나병 환자를 고치심
8장1~4절
(막 1:40-45, 눅 5:12-16)

Key Point

5-7장의 산상수훈의 말씀을 마치며 8-9장은 여러 예수님을 만난 사람들의 이야기입니다. 그 첫 번째 말씀으로 한 나병환자가 주님께 나아와 치유 받았습니다. 불치병의 치유, 온 몸의 나병환자의 치유를 통해서 예수님의 치유의 권능을 보이십니다.

5-7장의 산상수훈의 말씀을 마치고 8-9장은 예수님을 만난 여러 사람들의 이야기를 전합니다. 5-7장의 말씀이 '가르침'(teaching)과 관련된 말씀이라면 8-9장에는 '치유'(healing)와 관련됩니다.

"무리를 보시고 불쌍히 여기시니 이는 그들이 목자 없는 양과 같이 고생하며 기진함이라"(마 9:36)

마태복음 8-9장에는 10가지 이적이 있습니다.

① **나병환자를 고치심**
② 백부장의 하인을 고치심
③ 베드로의 장모를 고치심
④ 풍랑을 잔잔케 하심
⑤ 가다라의 귀신들린 자를 고치심
⑥ 중풍병자를 고치심
⑦ 12해 혈루증 여인을 고치심
⑧ 야이로의 딸을 고치심
⑨ 두 맹인을 고치심
⑩ 귀신 들려 말 못하는 사람을 고치심

8-9장의 10가지 이적들은 단순한 이적들의 수집과 나열이 아닌 메시지를 담고 있습니다. 즉 첫 번째 세 이적은 단순한 병에 관한 말씀입니다. 나병, 중풍병, 열병의 치유에 관한 말씀이며 첫 번째 세 이적 후에는 제자도에 관한 가르침이 있습니다. 치유를 통해 제자로서의 헌신으로 이끄는 것입니다.

다음으로 두 번째 세 이적은 보다 깊은 의미를 담습니다. 풍랑을 잔잔케 하심으로 만물에 대한 주권과 가다라 귀신을 쫓아내심으로 영적 세계에 대한 주권과 중풍병자의 죄사함을 선포하심으로 죄사하심의 권세가 주께 있음을 보이십니다. 단순히 주님을 따르는 자들에게 보다 깊이 있게 그분이 누구이신지를 알게 하시는 것입니다. 첫 번째 세 이적 후에 제자를 부르셨다면 두 번째 세 이적 후에는 마태를 부르십니다.

마지막 이적들은 병을 고치시고, 모든 권세를 가지신 주님께서 죄사하심을 선포하신 후에 여러 이적들을 통해서 한 사람을 어떻게 변화시키시는가를 보여주십니다. 이는 제자로서의 삶으로 부르심이 됩니다. 이는 자연스럽게 10장의 메시지로 이어질 수 있는 것입니다.

첫 번째로 예수님을 만난 사람은 나병환자입니다. 계속되는 만남의 역사를 열며 이 나병환자와의 만남이 주시는 메시지에 귀기울어야 할 것입니다.

이는 예수 그리스도를 만남으로 말미암은 전적인 변화를 보이는 것입니다. 한 나병환자가 고침을 받는 장면을 통해서 예수 그리스도로 말미암아 우리들의 온 삶이 변화됨을 보이십니다. 특별히 마태복음 8장1-4절의 병행구절인 누가복음 5장12절에서는 이 나병환자가 '온 몸에 나병 들린 사람'인 것에 관하여 말씀하시고 있습니다. 곧 예수 안에서의 변화는 온 몸의 변화이며 전적인 변화입니다. 이와 같은 변화와 축복이 예수님을 만나는 우리들의 삶 가운데도 있어야 할 것입니다.

1. 한 나병환자가 예수님께 나아옴을 살펴봅시다(1-2절).

① 예수님과의 만남

예수님께서 산에서 내려오실 때에 수많은 무리가 따랐습니다. 그러나 말씀은 수많은 사람들이 아니라 한 나병환자에게 집중합니다. 우리는 예수님을 좇는 수많은 무리 중에 있어서는 안 될 것입니다. 은혜를 체험하는 한 사람이 되어야 합니다. 예수님의 뒤를 좇아다니지만, 많은 가르침을 받지만, 은혜의 체험이 없는 신앙이 되어서는 안되는 것입니다. 기독교는 체험의 종교입니다. 이론과 학식의 종교가 아니라 은혜와 체험의 종교입니다. 산에서 수많은 무리들은 예수님으로부터 놀라운 가르침을 받았습니다. 그러한 가르침 후에 예수님께서는 수많은 무리들에게, 그리고 오늘날 우리들에게 한 사람의 나병환자가 고침을 받는 장면을 경험케 합니다. 이것은 우리들로 하여금 은혜의 체험의 삶으로 초대하는 것입니다. 예수 그리스도를 만남으로 말미암은 전적인 변화를 보이는 것입니다.

② 나병환자의 자세

비록 이름도 알 수 없는 나병환자이지만 이 나병환자는 주님을 만남의 자세를 우리들에게 보여줍니다. 그는 예수님께 나아와 절하였습니다. 어떠한 간구 이전에 그 몸으로 주님 앞에 바른 자세를 보였습니다. 예수님은 간구의 대상 이전에 경배의 대상입니다. 하나님께 나아가는 자는 저 나병환자로부터 합당한 자세를 배워야 할 것입니다.

③ 주여

나병환자는 그의 몸으로 예수님께 경배하였으며, 이제 그 입술로 합당한 고백을 하고 있습니다. 나병환자는 예수님을 존중의 의미의 '선생'이 아닌 경배와 찬송의 대상으로서 '주여'라고 호칭하였습니다.

④ 주여 원하시면 저를 깨끗하게 하실 수 있나이다

나병환자들은 격리되어 있던 사람들이었습니다. 그가 스스로 자신을 예수님 앞에 드러내기 위해서는 많은 사람들 앞에서 자신의 모습을 드러내야 하는 두려움이 있었습니다. 우리는 나병환자가 수많은 사람들이 있던 곳에서 자신을 드러내었던 그 두려움을 온전히 이해하여야 합니다. 그리고 만일 예수님에 의해서 그 병이 고침을 받지 못했을 경우에 자신에게 부어질 비난과 혐오와 위험을 온전히 깨달아야 합니다. 그러나 말씀은 한 사람 나병환자에게 스포트라이트를 비추고 있음을 살펴보아야 합니다. 우리는 어떠한 두려움이라 할지라도 우리 주님께 나아가기를 마다 해서는 안될 것입니다.

2. 예수님께서 손을 내밀어 나병환자에게 대심을 살펴봅시다(3절).

　우리는 나병환자의 외면적인 그 추함과 더러움과 불결함처럼 우리의 내면이 그러하다는 것을 깨달아야 합니다. 말씀이 우리들에게 보이시기를 원하시는 것은 저 나병환자의 외면적 더러움이 아니라 우리의 내면적인 더러움입니다.

　이제 예수님께서 손을 내미셨으며 그 손으로 그에게 대셨습니다. 가까이 하기도 불결한 자에게 아무도 가까이 가기조차 꺼리는 자에게 주님께서는 그 고귀한 손으로 대셨습니다. 만지셨습니다. 우리 주님께서는 우리들이 어떠하든지 우리들이 그 아무리 더럽다 할지라도 우리들을 만지시는 분이십니다. 우리를 어루만지시며 또한 품으시는 분이십니다.

　사람들은 더러운 것을 만지기를 꺼려합니다. 왜냐하면 그 더러운 것을 만짐으로 말미암아 자신이 더러워지기 때문입니다. 그러나 우리 주님의 깨끗하심은 더러운 것을 만지심으로 말미암아 오염되지 않습니다. 오히려 더러운 것들이 깨끗게 되는 것입니다. 우리는 예수님께서 나아가기를 마다해서는 안 될 것입니다. 그는 진실로 우리들을 깨끗게 하시는 분이십니다.

3. 나병환자의 치유를 살펴봅시다(3절).

　예수님께서 나병환자에게 '내가 원하노니 깨끗함을 받으라'고 말씀하셨으며 즉시 그의 나병이 깨끗하여졌습니다. 주님의 말씀에는 권능이 있습니다. 예수님의 사역은 치유의 사역이셨습니다. 그 어떠한 질병도 못 고칠 병은 없습니다. 즉시 이루어짐은 의심할 수 없는 권능의 확실성을 위한 일이었습니다.

4. 예수님께서 치유받은 자에게 경계를 삼은 바와 그 결과를 살펴봅시다 (4절).

왜 예수님께서 나병환자에게 아무에게도 이르지 말라고 하셨을까 우리는 의문할 수 있습니다. 마가복음 1장에서는 아무에게 아무 말도 하지 말라고 하셨습니다. 언제나 위기는 은혜 뒤에 옵니다. 주님께서 하신 말씀을 온전히 다 이해하고 실행하기는 힘들 것입니다. 그렇다 할지라도 우리는 주님의 말씀을 힘써 지킴이 있어야 하겠습니다. 나병환자는 더 이상 나병환자가 아니었습니다. 그는 은혜를 체험한 사람이었습니다. 그러나 이 사람은 하나님의 은혜를 맛보고 그 은혜로 말미암아 하나님의 더 큰 은혜를 막는 장애의 요인이 되었습니다. 우리는 우리의 열심이 온전히 하나님의 복음을 전한다고 생각합니다. 그러나 절제되지 않고 순종함이 없는 잘못된 열심은 때때로 복음의 장애 요인이 됨을 기억하여야 할 것입니다. 그러므로 우리는 주 안에서 열심을 낼 수 있도록 기도하여야 하겠고 또한 온전한 열심을 가질 수 있도록 해 달라고 기도하여야 하겠습니다.

"내가 증언하노니 그들이 하나님께 열심히 있으나 올바른 지식을 따

른 것이 아니니라"(롬 10:2)

　예수님께서는 아직 자신의 때가 되지 않았으므로 이 일이 많은 대중에게 퍼지기를 원치 않으셨습니다. 주님께서는 참된 복음이 아니라 사람들의 병을 고쳐주는 사람으로 왜곡되고 남용되고 오용되는 것을 원치 않으신 것입니다. 나병환자는 자신의 일을 많은 사람들에게 알렸고 많은 사람들이 예수님께로 와서 자신의 병을 고침을 받기 원하였습니다. 그것은 은혜의 체험이 아닙니다. 참된 은혜의 체험은 예수 그리스도와 만남의 사건이지, 예수 그리스도와 상관없이 자신의 병이 고침을 받는 사건이 아닌 것입니다. 누가복음에는 예수님께서는 결국 물러가셨음을 우리들에게 보이십니다. 그는 한적한 곳으로, 더 이상 사람들로부터 소란스러운 곳이 아닌 한적한 곳으로 물러가 기도하셨습니다. 우리는 우리의 잘못된 열심으로 말미암아 주를 쫓아내고 물러가게 하는 그러한 어리석음이 없어야 할 것입니다.

묵 상

01   나병환자로부터 배울 수 있는 교훈에 관하여 나누어 봅시다.

02   예수님의 치유의 방법에 관하여 나누어 봅시다.

03   예수님의 경계하심으로부터 배우는 교훈을 나누어 봅시다.

되새김

인생의 위기는 또 다른 기회가 됩니다. 불치의 병으로 말미암은 극심한 고통 가
운데 있었던 한 나병환자는 도리어 그 병으로 말미암아 주님을 만남의 기회가 되
었습니다. 우리의 아픔과 슬픔과 고통과 소외 가운데 도리어 하나님을 만남의 기
회가 되기를 사모하여야 할 것입니다.

24

백부장의 믿음
8장5~13절
(눅 7:1-10)

Key Point

나병환자의 첫 번째 치유에 이어 두 번째 치유는 백부장의 하인에게 이루어졌습니다. 그러나 이 치유는 단지 치유만이 아닌 참된 믿음에 관하여 교훈합니다. 나병환자를 만지심으로 치유하신 예수님께서는 다만 말씀으로 백부장의 하인을 치유하십니다.

본문 이해

5-7장의 산상수훈의 말씀을 마치고 8-9장의 말씀은 예수님을 만난 사람들에 관하여 전합니다. 첫 번째 나병환자와의 만남은 불치의 병 가운데 있었지만 그 자신이 예수님께 나아갑니다. 그러나 백부장의 하인은 중풍병으로 스스로 예수님께 나아갈 수 없었습니다. 하나님을 만남에 있어 두 번째 소개되는 말씀은 백부장의 믿음으로 그의 하인이 고침을 받는 이야기입니다.

■ 마태복음 8-9장의 10가지 이적

　① 나병환자를 고치심

　② **백부장의 하인을 고치심**

　③ 베드로의 장모를 고치심

　④ 풍랑을 잔잔케 하심

　⑤ 가다라의 귀신들린 자를 고치심

　⑥ 중풍병자를 고치심

　⑦ 12해 혈루증 여인을 고치심

　⑧ 야이로의 딸을 고치심

　⑨ 두 맹인을 고치심

　⑩ 귀신 들려 말 못하는 사람을 고치심

1. 백부장과 나병환자를 비교하여 봅시다.

한 나병환자가 미천한 사람이었다면 백부장은 존귀한 사람이었습니다. 한 나병환자는 자신의 병으로 말미암아 주님께 나아갔다면 백부장은 자신의 병이 아닌 자신의 하인의 중풍병으로 말미암아 주님께 나아갔습니다. 한 나병환자는 예수님의 경계하심을 들어야 했으나 백부장은 그 믿음으로 말미암은 칭찬이 있었습니다. 나병환자는 그에게 손을 대시며 말씀하심으로 치유하셨으나 백부장의 하인은 다만 말씀으로 치유하셨습니다.

2. 백부장의 간구를 살펴봅시다(5-6절).

한 나병환자가 예수님께 나아왔듯이 한 백부장이 예수님께 나아왔습니다. 백부장이 예수님께 나아간 보다 자세한 모습은 누가복음을 통해서 보아야 합니다. 나병환자는 직접적인 주님과의 만남이 있었으므로 예수님께 절하였으나 백부장은 사실 주님을 직접적으로 만나지 않았습니다. 이는 누가복음을 통해서 알 수 있습니다. 다만 자세한 설명이 생략된 채 마태복음은 백부장을 통해서 전해주시고자 하시는 메시지가 있는 것입니다. 곧 병자 스스로 주님께 나아간 것이 아닌 백부장의 믿음으로 말미암아 그의 하인이 고침 받음의 이야기입니다. 백부장은 자신의 문제가 아닌 하인의 문제로 예수님께 나아온 것입니다.

"주여 내 하인이 중풍병으로 집에 누워 몹시 괴로워하나이다"(6절)

이에 주님께서는 '내가 가서 고쳐 주리라'(7절)고 즉각적인 응답을 하셨습니다.

3. 백부장의 믿음을 살펴봅시다(8-9절).

백부장의 간구에 예수님께서는 '내가 가서 고쳐 주리라'고 말씀하셨으나 백부장은 오히려 주님의 오심을 반대하였습니다. 이는 거부하는 것이 아닌 주님의 오심을 감당할 수 없는 기이한 고백입니다.

"주여 내 집에 들어오심을 나는 감당하지 못하겠사오니 다만 말씀으로만 하옵소서 그러면 내 하인이 낫겠사옵나이다 나도 남의 수하에 있는 사람이요 내 아래에도 군사가 있으니 이더러 가라 하면 가고 저더러 오라 하면 오고 내 종더러 이것을 하라 하면 하나이다"(8-9절)

수하, 군사, 종의 세 표현으로 백부장은 주님을 높이고 자신을 낮추었으며 주께서 다만 말씀하심으로 이루어질 것을 고백하였습니다.

4. 백부장의 믿음에 대한 예수님의 칭찬을 살펴봅시다(10절).

백부장의 믿음에 대해서 주님께서는 놀랍게 여기시며 칭찬하셨습니다.

"내가 진실로 너희에게 이르노니 이스라엘 중 아무에게서도 이만한 믿음을 보지 못하였노라"(10절)

이방인인 백부장의 믿음은 이스라엘 중에서도 찾을 수 없는 믿음이었습니다. 한 중풍병자의 치유에 대한 말씀에서 치유가 본질이 아닌 믿음의 본질에 대한 회복이 이루어졌습니다.

5. 나라의 본 자손들에 대한 경고의 말씀을 살펴봅시다(11-12절).

한 나병환자에 대해서는 그 자신이 행할 것을 경계하셨으나 이제 백부장의 믿음에 관한 이야기에서는 본 자손들에 대한 경고의 메시지를 남깁니다.

"또 너희에게 이르노니 동 서로부터 많은 사람이 이르러 아브라함과 이삭과 야곱과 함께 천국에 앉으려니와 그 나라의 본 자손들은 바깥 어두운데 쫓겨나 거기서 울며 이를 갈게 되리라"(11-12절)

6. 예수님께서 백부장에게 하신 마지막 말씀을 살펴봅시다(13절).

예수님께서 백부장에게 마지막으로 말씀하시기를 '가라 네 믿은 대로 될지어다'라 하셨습니다. 하나님께서 기뻐하시는 역사는 바로 우리의 믿음을 통한 역사인 것입니다. 하나님께서는 말씀하시며 그 말씀은 우리의 믿음을 통해서 역사하시는 것입니다.

묵상

01   백부장이 하인을 위하여 간구함에 관하여 나누어 봅시다.

02   백부장의 믿음의 관하여 나누어 봅시다.

03   예수님의 칭찬과 경계에 관하여 나누어 봅시다.

되새김

백부장의 간구는 자신을 위한 것도, 자신의 자녀나, 부하를 위한 것도 아닌 하인을 위한 '사랑의 간구'였습니다. 백부장의 간구는 '다만 말씀으로만 하옵소서'라는 말씀만을 의지하는 '믿음의 간구'였습니다. 백부장의 간구는 존귀한 자임에도 불구하고 자신을 수하에 있는 자요, 병사된 자요, 종된 자로서의 '겸손한 간구'였습니다.

베드로의 장모를 고치심
8장14~17절
(막 1:29-34, 눅 4:38-41)

Key Point

예수님께서는 베드로의 집에 들어가시고, 베드로의 장모를 보시고, 그의 손을 만지사 베드로 장모의 열병을 고치셨습니다. 세 번째 사람의 만남 속에서 하나님께 나아갈 수조차 없는 자에게 예수님께서 친히 찾아오셔서 고치심의 은혜를 보이십니다.

8-9장에서 예수님과의 만남의 세 번째 사람은 베드로의 장모입니다. 베드로의 장모는 한 나병환자와 같이 예수님께 나아가지 못하였습니다. 베드로의 장모는 백부장의 하인처럼 백부장의 믿음을 따라 고침을 받지도 않았습니다. 베드로의 장모는 그 어떠한 사람의 믿음과 행위로 말미암아 고침을 받은 것이 아닙니다. 베드로의 장모는 그의 집에 찾아오신 예수님 자신으로부터 긍휼하심을 입었던 것입니다. 베드로의 장모의 치유에 있어서는 예수님의 주도적인 치유를 살펴볼 수 있습니다.

■ 마태복음 8-9장의 10가지 이적
　① 나병환자를 고치심
　② 백부장의 하인을 고치심
　③ **베드로의 장모를 고치심**
　④ 풍랑을 잔잔케 하심
　⑤ 가다라의 귀신들린 자를 고치심
　⑥ 중풍병자를 고치심
　⑦ 12해 혈루증 여인을 고치심
　⑧ 야이로의 딸을 고치심
　⑨ 두 맹인을 고치심
　⑩ 귀신 들려 말 못하는 사람을 고치심

1. 베드로의 장모의 치유에 관하여 살펴봅시다(14-15절).

　예수님께서 베드로의 집에 들어가실 때에 그녀는 귀한 손님을 맞고도 대접할 수 있는 형편이 아니었습니다. 그녀는 열병으로 인해서 앓아 누워있었습니다. 가장 귀한 분을 맞고도 영접하지 못하고 섬기지 못한다는 것은 참으로 불행한 일이 아닐 수 없습니다. 백부장은 주님께서 자신의 집에 들어옴을 감당할 수 없음을 이야기한 바 있습니다. 백부장이 그러한 고백을 하였다면 오늘 말씀 속에서는 실제로 주님의 오심에 관하여 감당치 못하는 장면을 보여주시는 것입니다. 우리는 주님을 참으로 잘 영접하고 있습니까?

　세 가지 표현이 먼저 나옵니다. 첫째, 예수님께서 베드로의 집에 들어가셨습니다. 둘째, 베드로의 장모가 열병으로 앓아 누운 것을 보셨습니다. 셋째, 그의 손을 만지셨습니다. '들어가심-보심-만지심'의 세 가지는 또 다른 세 가지 결실을 맺었습니다. 첫째, 열병이 떠나갔습니다. 둘째, 여인이 일어났습니다. 셋째, 여인이 예수님께 수종들었습니다.

　'떠남-일어섬-수종듦'은 예수님의 사역의 결과가 됩니다.

2. 예수님께서 말씀으로 귀신들을 쫓아 내시고 병든 자를 고치심을 살펴봅시다(16-17절).

　저물매 사람들이 귀신 들린 자를 많이 데리고 왔습니다. 이에 예수님께서는 '말씀으로' 귀신들을 쫓아내시고 병든 자를 다 고치셨습니다. 귀신을 쫓아내시고, 여러 병자들을 고치심에 있어서도 '말씀'에 대하여 강조하시며 나병환자-백부장의 하인-베드로의 장모의 치유에 관한 이적에 관하여 말씀으로 마무리합니다.

"이는 선지자 이사야를 통하여 하신 말씀에 우리의 연약한 것을 친히 담당하시고 병을 짊어지셨도다 함을 이루려 하심이더라"(17절)

.

묵상

01 베드로 장모의 치유를 앞선 나병환자와 백부장의 하인의 치유와 비교하여 봅시다.

02 베드로 장모의 변화에 관하여 나누어 봅시다.

03 말씀으로 말미암은 축귀와 치유에 관하여 나누어 봅시다.

되새김

주님께서 베드로의 집에 들어오심과 같이 주님께서 내 안에 내주하심을 깨달아야 합니다. 베드로의 장모가 수종들음과 같이 이제는 수종들지 못하던 자가 수종들어야 합니다. 주께서 치유하심에 말씀으로 치유하심과 같이 오직 주의 말씀을 붙들어야 할 것입니다.

PART

26

예수를 따르는 자의 각오
8장18~22절
(눅 9:57-62)

Key Point

8-9장의 여러 이적 중에 삽입된 말씀입니다. 이전의 말씀 가운데 있었던 병 고침의 말씀
도, 이후의 이적에 관한 말씀도 아닌 이번 과는 제자도에 관한 말씀입니다. 제자도에 관한
말씀이 이처럼 여러 이적들 가운데 전하심은 특별한 의미가 있습니다.

한 나병환자는 예수님께 나아갔고, 백부장의 하인을 위해서는 백부장이 대신 나아갔으며, 베드로의 장모에게는 예수님께서 다가가셨습니다. 가장 존귀한 분을 영접하고도 수종들지 못하던 자가 예수님의 만지심으로 말미암아 예수님을 수종들 수 있는 사람이 되었습니다.

말씀은 단순한 예수님과의 만남을 넘어 제자도에 관하여 가르쳐 주십니다. 한 서기관이 예수님께 나아와 말하였습니다. "선생님이여 어디로 가시든지 저는 따르리이다" 대단한 믿음의 사람으로 보입니다. 그러나 예수님께서는 이 서기관을 반기지 않는 듯한 말씀을 하십니다. "여우도 굴이 있고 공중의 새도 거처가 있으되 인자는 머리 둘 곳이 없다" 한 마디로 예수님께서는 서기관의 헌신에 관하여 거절하고 계시는 것입니다.

1. 한 서기관의 헌신을 살펴봅시다(18-19절).

이전의 말씀에서는 그들의 병으로 말미암아 예수님께 나아갔다면 이제 본문의 말씀 가운데에는 그러한 병이 없고 오직 헌신됨만이 있습니다. 한 서기관은 예수님께 나아와 아뢰기를 "선생님이여 어디로 가시든지 저는 따르리이다"라 하였습니다. 이러한 고백은 한편으로 귀한 것이지만 다른 한편으로 특별한 것은 아닙니다.

저 서기관의 당당함처럼, 그리고 주님께서 십자가를 지시기 전에 베드로가 예수님께 "모두 주를 버릴지라도 나는 결코 버리지 않겠나이다"(마 26:33) "내가 주와 함께 죽을지언정 주를 부인하지 않겠나이다"(막 14:31) "주를 위하여 내 목숨을 버리겠나이다"(요 13:37)라고 말하였던 것을 우리는 기억합니다. 그러나 그는 세 번이나 주님을 부인한 사람이 되었습니다.

서기관은 분명히 좋은 마음으로 헌신하는 듯 하지만 그는 한 나병환자도 예수님께 '주여'라고 호칭하였음에 반해 '선생님'이라고 불렀습니다. 그는 예수님에 대한 인정함이 있었지만 참되게 그분이 어떠한 분이신지에 대한 이해를 가지지 못하였습니다. 예수님은 단지 선생이 아닌 만유의 주되신 분인 것입니다. 그분을 따르지만 이처럼 온전한 이해 없이 주를 따르는 자도 있는 것입니다.

2. 한 서기관의 헌신에 예수님의 답변을 살펴봅시다(20절).
"여우도 굴이 있고 공중의 새도 거처가 있으되 인자는 머리 둘 곳이 없다"(20절)

한 서기관이 '선생님'이라고 불렀을 때에 예수님께서는 자신을 '인자'라 하였습니다. 이는 만물의 심판자로서 자신이 하나님 됨에 대한 선포입니다. 그러나 이러한 인자의 칭호로 자신을 드러내고 높임에 목적이 있지 않았습니다. 곧 만왕의 왕이지만 그 분은 이 땅에서는 머리 둘 곳을 가지지 않으셨습니다. 그 분은 모든 권세를 가지신 분이지만 이 땅에서는 그 무엇 하나에 의지 하지 않으셨습니다. 여우에게 굴을 베푸시고 공중의 새에게 둥지를 허락하신 분이십니다. 하찮은 미물에게까지 자신들의 집을 주신 주께서 정작 자신은 이 땅에서 아무것도 소유하지 않으며 사셨습니다. 그것은 오늘날 우리들에게 이 땅에서 우리가 누릴 것은 주께서 주실 것이 아님을 몸소 보이시는 것입니다. 그리고 오늘 우리들이 소유한 것은 아무것도 아님을 가르쳐 주시는 것입니다. 그리고 이제 제자로서 주님을 따르려는 사람들에게 그들의 삶이 어떠해야 하는지 가르쳐 주시는 것입니다.

우리는 때때로 따르는 것에만 집중하고 그 외에 관해서는 별 관심을 가지지 못합니다. 따르는 사람에게 예수님께서는 자기를 부인하고 자기 십자가를 지고 나를 따르라 말씀하셨다는 것을 기억해야 합니다. 예수님을 따르는 삶은 결코 가벼운 발걸음이 아닙니다. 예수님을 따르는 발걸음은 결코 힘 있는 발걸음이 될 수 없는 것입니다. 그 발걸음은 지친 발걸음이며 상처 입은 발걸음입니다. 이 땅에 어느 것에 붙들림 받지 않는 오직 주님만을 바라보며 나아가는 그러한 발걸음입니다.

3. 제자 중 한 사람의 간구와 예수님의 답변을 살펴봅시다(21-22절).
한 서기관의 헌신에 거절스러운 말씀을 하셨다면 제자 중 한 사람에게는 헌신을 독려하시는 듯한 말씀을 주십니다. 곧 한 제자는 이르기를 "주여 내가 먼저 가서 내 아버지를 장사하게 허락 하옵소서"라 하였고 예수님께서는 그 제자에게 말씀하셨습니다. "죽은 자들이 그들의 죽은 자를 장사하게 하고 너는 나를 따르라"(22절)

주님의 부르심에 즉각적인 응답을 하지 못하고 여러 가지 이유를 가지는 것은 참으로 서글픈 일입니다.

서기관의 헌신과 거절은 잘못된 기대에 관하여 알게 하시는 것이며, 제자에게 즉각적인 따름을 요구하심은 주님을 따름은 어떠한 일보다 우선시 되어야 함을 가르치시는 것입니다. 주님을 따르는 일은 이 땅의 가장 중요한 일보다도 더 중요하며 우선시 되는 일입니다.

레위기 21장에는 일반 제사장과 대제사장의 장례에 관한 규례에 관하여 전합니다. 일반 제사장의 경우에는 가족의 장례에 참석하는 일이 허용되었으나 대제사장은 그의 부모의 장례에도 참석할 수 없었습니다 (레 21:11). 예수님을 따르는 자의 제자도는 그 어떠한 일보다 가장 귀한 일입니다.

묵상

01 서기관의 헌신 속에 담긴 기대에 관하여 나누어 봅시다.

02 서기관의 헌신에 대해서 예수님께서 하신 말씀의 본의에 관하여 나누어 봅시다.

03 예수님께서 제자의 구함을 거절하심에 관하여 나누어 봅시다.

되새김

지금까지의 말씀에서 예수님께서는 병의 치유를 행하셨습니다. 그러나 이러한 이적의 목적은 그들의 치유에 있는 것이 아닙니다. 이러한 변화에 대한 말씀을 바로 제자도에 관한 말씀 속에서 찾을 수 있습니다. 병의 고침을 넘어 이제는 예수님을 따르는 자가 되어야 할 것입니다.

PART

27

이이가 어떠한 사람이기에
8장23~34절
(막 4:35−5:20, 눅 8:22−39)

Key Point

예수님을 따르는 첫 번째 관문에서 제자들은 바다의 풍랑의 위기를 맞게 됩니다. 예수님은 이적을 통해서 그의 권능을 크기를 보여주시는 것이 아니라 그분이 누구이신가에 관하여 알게 하시는 것입니다. "이이가 어떠한 사람이기에 바람과 바다도 순종하는가"

본문 이해

마태복음 9-10장에 나오는 10가지 이적 중에 4번째 5번째 이적은 예수님께서 풍랑을 잔잔케 하신 이적과 가다라 귀신들린 자를 고치신 이적입니다. 두 이적은 마태, 마가, 누가복음에서 동일하게 연속적으로 전하는 이적입니다. 다만 마태복음은 마가복음과 누가복음에 비하여 매우 간략하게 그 메시지에 집중하고 있습니다. 두 이적은 동일한 메시지를 담고 이를 묻고 또한 답합니다.

"그 사람들이 놀랍게 여겨 이르되 이이가 어떠한 사람이기에 바람과 바다도 순종하는가 하더라"(마 8:27)

"이에 그들이 소리 질러 이르되 하나님의 아들이여 우리가 당신과 무슨 상관이 있나이까 때가 이르기 전에 우리를 괴롭게 하려고 여기 오셨나이까 하더라"(마 8:29)

■ 마태복음 8-9장의 10가지 이적
   ① 나병환자를 고치심
   ② 백부장의 하인을 고치심
   ③ 베드로의 장모를 고치심
   ④ 풍랑을 잔잔케 하심

⑤ **가다라의 귀신들린 자를 고치심**

⑥ 중풍병자를 고치심

⑦ 12해 혈루증 여인을 고치심

⑧ 야이로의 딸을 고치심

⑨ 두 맹인을 고치심

⑩ 귀신 들려 말 못하는 사람을 고치심

1. 예수님을 따라 배에 탄 제자들은 어떠한 어려움을 겪게 되었습니까?(23-25절)

제자들은 예수님과 함께 배를 탄 것이 아니라 예수님께서 '배에 오르시며 제자들이 따랐습니다'(23절). 믿음의 삶은 곧 예수님을 따르는 삶입니다. 그러나 제자들은 이 배에서 큰 신앙의 위기를 직면하게 됩니다.

말씀은 예수님과 함께 배를 탔다는 것을 전하시는 것이 아닙니다. 예수님이 타신 배에 예수님을 따라 예수님과 함께 배를 탄 제자들은 바다 가운데서 큰 파도가 일어나는 것과 그 물결에 배가 덮이게 되는 것을 경험하게 됩니다. 제자들은 예수님과 함께 배를 탔음에도 불구하고 바다에 큰 풍랑이 이는 것을 보고 놀랐습니다. 순탄하기만 할 줄 알았던 신앙의 삶 가운데 위기가 찾아온 것입니다. 그러나 더 놀란 것은 예수님과 함께 탄 그 배가, 예수님이 타신 그 배가 풍랑에 의해 덮이게 되는 것을 보고 놀랐습니다. 항상 승리만 있을 줄 알았던 신앙의 삶에 파선의 위기가 다가온 것입니다. 그러나 그보다 더 놀랄 수밖에 없는 것은 그

소란하고 경황이 없는 와중에 예수님은 주무시고 있다는 사실이었습니다. 우리들의 이런 총체적인 신앙의 위기 속에서 예수님은 오히려 침묵하시며 심지어 무관심하게 느껴지는 것입니다.

2. 제자들에 대한 예수님의 책망을 살펴봅시다(26절).

　예수님은 잠에서 깨어나셔서 풍랑을 보시고 놀라지 않으셨습니다. 예수님은 잠에서 깨어나셔서 풍랑을 보고 두려움에 잠기지 않으셨습니다. 예수님이 놀란 것은 풍랑이 아니라 예수님과 함께 함에도 불구하고 풍랑에 의해 그 마음에 흔들리고 죽게 된 제자들이었습니다. 예수님은 제자들을 꾸짖으시며 말씀하셨습니다. 저 거친 풍랑보다도 예수님께서 놀라신 것은 두려움에 싸인 제자들이었습니다. 숱한 날들을 주님과 함께 함에도 아직도 세상의 거친 풍랑에 의해 쓰려질 수밖에 없는 제자들을 향한 것이었습니다.

　세상이 커 보일 때 하나님은 한없이 작게 보입니다. 하나님을 크게 보는 자는 세상이 작게 보입니다. 풍랑을 보고 두려움에 싸인 제자들은 풍랑을 크게 본 것이 아니라 예수님을 작게 본 것입니다. 곧 믿음이 적었던 것입니다. 믿음이 적은 자는 세상의 풍랑의 큼을 보고 놀랐습니다. 그리고 그 풍랑으로 인해 예수님과 함께 탄 배가 뒤집이게 되는 것을 보고 놀랐습니다. 풍랑 속에서 예수님은 너무도 작은 존재에 불가한 것이었습니다. 더욱이 그 와중에 주무시고 계신 예수님은 답답하게만 느껴지는 것입니다. 하지만 우리들이 진정으로 놀래야 할 것은 바로 우리들의 믿음의 작음입니다. 우리들의 순간순간을 놀라게 해야 할 것은 세상의 풍랑이 아니라 우리들의 믿음의 작음입니다. 수많은 날들을 하나님과 교제하고 하나님을 안다고 하면서도 작은 풍랑이 일 때마다 두려움에 싸이고 놀라며 신앙의 위기를 맞았던 우리들의 믿음의 작음을 통해서 놀라는 것입니다.

3. 예수님께서 바람과 바다를 꾸짖으심을 살펴봅시다(26절).

예수님께서 바람과 바다를 꾸짖으셨습니다. 그러자 바람은 사라지고 풍랑은 마치 어린아이가 잠든 것과 같이 아주 잔잔하게 되었습니다.

바람은 그치고 바다는 잔잔하게 되었습니다. 모든 것은 끝이 난 것만 같았습니다. 그러나 아직 끝이 난 것이 아닙니다. 이제 인생은 예수님에 대한 인생의 질문이 아니라 인생에 대한 예수님의 질문에 답해야 할 것입니다. 예수님은 물으셨습니다. 예수님께서는 바람과 바다를 꾸짖으시기 전에, 바다를 잔잔하게 하시기 전에 먼저 제자들에게 물으셨습니다.

"어찌하여 무서워하느냐 믿음이 작은 자들아"(26절)

4. 제자들의 놀람을 살펴봅시다(27절).

제자들은 자신들의 믿음 없음을 회개하며 큰 믿음을 가져야 할 것이나 오히려 그들은 기이히 여겼습니다. 풍랑을 보고 놀란 그들은 예수님의 권능을 보고 놀랐습니다. 하지만 오늘 우리 예수님께서 우리들에게 가르치고 초대하는 것은 이러한 놀람이 아닙니다. 우리 하나님이 이 땅을 다스리시고 주관하시는 것은 놀랄만한 것이 아닙니다. 이는 지극히 자연스러운 것이며 당연한 것입니다. 우리들의 믿음이 적을 뿐만 아니라 우리는 하나님에 대해서 너무도 알지 못하고 과소평가하는 경향이 있는 것입니다.

우리 예수님께서 우리들에게 원하시는 것은 신앙의 위기 속에서 믿음의 견고함을 가지고 오직 주님만을 바라보며 승리하는 삶을 살아가기를 원하시는 것입니다. 그리고 그 분에 대해서 우리가 좀 더 많은 것을 알기를 바라십니다.

5. 가다라 지방의 귀신을 쫓아내심을 살펴봅시다(28-34절).
앞선 풍랑을 잠잠케 하심은 예수 그리스도의 신성의 능력이 자연과 만물 가운데 나타났다면 가다라 지방의 귀신 들린 자의 치유를 통해서는 영적 세계에 대한 예수 그리스도의 통치와 다스림에 관하여 보이십니다.

이번 단락에 대한 자세한 내용은 마가복음 성경공부를 참고 바랍니다.

묵상

01   제자들이 겪은 어려움은 무엇입니까?

02   예수님의 꾸짖음(제자들, 바람과 바다)이 주는 교훈에 관하여 나누어봅시
다.

03   예수님은 누구이십니까?

되새김

말씀은 거친 파도와 싸우며 힘겨워하는 성도들에게 믿음 없음을 탓하고자 하는
것이 아닙니다. 거친 파도가 주무시는 주님을 덮지 못한다는 것을 기억해야 할
것입니다. 무섭고 거친 파도라 할지라도 우리 믿음의 성도들을 삼키지 못할 것
입니다. 보다 중요한 것은 우리와 함께 하신 예수님께서 어떠한 분이신지 아는
일입니다.

28

중풍병자를 고치심
9장1~8절
(막 2:1-12, 눅 5:17-26)

Key Point

가다라 지방에서 귀신 들린 자를 고치신 후에 예수님께서는 배에 오르셔서 건너가 본 동네에 이르십니다. 이 곳에서 예수님께서는 침상에 누운 채로 사람들에 의해서 데리고 나온 중풍병자를 만나 죄 사함을 선포하십니다. 인자에게는 죄 사함의 권능이 있는 것입니다.

본문 이해

　본문 말씀이 귀한 것은 주께 나아올 수 없는 사람을 그를 사랑하는 사람들이 주께로 인도하는 모습을 보기 때문입니다. 마치 백부장의 하인의 중풍병이 백부장의 믿음으로 말미암아 나음을 입었던 것과 같이 본문 말씀 속에서 중풍병자의 친구들의 믿음을 봅니다. 나의 믿음이 누군가를 살릴 수 있음을 알아야 할 것입니다. 나의 믿음으로 말미암아 내가 구원 받을 뿐만 아니라 우리의 믿음에는 놀라운 영향력이 숨겨져 있습니다. 물론 우리들의 믿음뿐만 아니라 그 사람 본인의 믿음이 화합하여야 구원의 은총이 이루어짐을 알고 있습니다. 그러나 그 믿음은 바로 우리의 믿음의 귀한 영향력으로 말미암음을 알아야 합니다. 믿음의 사람들과 이야기하면 우리들 가운데도 믿음이 생기는 것을 깨달을 수 있습니다. 믿음의 사람들과 이야기하면 마음이 뜨거워지고 비전과 꿈이 생기며 소망이 넘칩니다. 그러므로 우리는 세상적인 이야기가 아닌 믿음의 이야기를 들으려고 또한 믿음의 이야기를 전하려고 힘써야 하는 것입니다.

　그러나 이러한 믿음을 넘어서 본문 말씀이 들려주시고자 하는 것은 바로 예수님의 죄 사함의 권능입니다. 병을 고치심은 현상입니다. 본질은 바로 죄 사함입니다. 참된 권능은 병의 고침에 있는 것이 아니라 죄가 사함을 받음에 있는 것입니다. 자연과 만물을 다스리는 예수 그리스도의 능력은 영적 세계 또한 주관하셨습니다. 그러나 예수님께서는 이 땅에 오신 근본 목적은 우리의 죄를 사하시기 위함입니다.

■ 마태복음 8-9장의 10가지 이적

① 나병환자를 고치심

② 백부장의 하인을 고치심

③ 베드로의 장모를 고치심

④ 풍랑을 잔잔케 하심

⑤ 가다라의 귀신들린 자를 고치심

⑥ **중풍병자를 고치심**

⑦ 12해 혈루증 여인을 고치심

⑧ 야이로의 딸을 고치심

⑨ 두 맹인을 고치심

⑩ 귀신 들려 말 못하는 사람을 고치심

1. 예수님께서 본 동네에 이르심을 살펴봅시다(1절).

모든 만남은 예수님께서 먼저 오심으로 말미암으며 앞으로 이루어 질 중풍병자와의 만남 또한 주께서 먼저 본 동네(가버나움)에 이르심 으로 이루어집니다. 이것은 은혜의 사건입니다. 인생이 하나님께 나아 가는 것이 아니라 하나님께서 인생에게 찾아오시는 것입니다. 이 은혜 는 여리고의 삭개오에게도(눅 19:1), 가버나움의 베드로의 장모에게도 (마 8:14), 가다라의 귀신들린 사람에게도 임하였습니다(마 8:28). 하나님을 만난 사람들의 특징은 은혜가 있다는 것입니다. 곧 하나님께서 그들에게 오심으로 이야기가 시작되는 것입니다. 은혜는 모든 것의 시작이 됩니다.

2. 침상에 누운 중풍병자를 사람들이 데리고 옮을 살펴봅시다(2절).

마태복음의 말씀 속에서는 단순히 사람들이 중풍병자를 데리고 온 것으로 나타나지만 마가복음과 누가복음은 이에 관하여 더욱 자세히 전합니다. 중풍병자를 멘 사람들은 무리를 인하여 예수님께 나아갈 수 없게 되자 침상 채 중풍병자를 메어 지붕으로 올라가 기와를 뜯고 구멍을 내어 중풍병자의 누운 상을 달아 내리웠습니다. 믿음에는 언제든 어려움이 있기 마련입니다. 그러나 이러한 어려움으로 말미암아 좌절할 것이 아니라 새로운 믿음의 모습을 보여야 할 것입니다. 과거에 사람들이 보이지 못한 믿음의 모습을 우리들의 신앙 속에서 창조할 수 있는 그러한 귀한 은혜가 있어야 할 것입니다.

3. 예수님께서 중풍병자를 데리고 온 사람들에게서 보신 것은 무엇입니까? (2절)

예수님께서 보신 것은 바로 중풍병자를 데리고 온 사람들의 '믿음'입니다. 주님께서 언제나 인정하시고 바라보시는 것은 바로 믿음입니다.

4. 예수님께서 중풍병자에게 무엇을 선포하셨습니까?(2절)

마태복음에서 주님께서 어떠한 한 중풍병자를 낫게 하셨다는데, 이는 우리 주님의 치유의 능력을 소개하는데 관심이 있는 것이 아닙니다. 누가복음에서는 예수님께 귀한 치유의 능력이 함께 하셨다는 말씀을 읽을 수 있습니다. 이는 병의 치유에 관심이 있는 것이 아니라 오늘 말씀 속에서 논쟁이 되고 있는 '죄 사함의 권세'에 관해서 우리들에게 가르쳐 주시는 말씀인 것입니다.

마태복음은 어떻게 보면 많은 사실을 전하여 주지 않음을 통해서 우리들에게 본질적인 부분에 관하여 더욱 집중케 합니다. 마태복음은 이 친구들이 어떠한 어려움 속에서 중풍병자를 고쳤는지에 관하여 자세히 이야기하지 않습니다. 이는 우리들에게 오늘 말씀의 본질이 치유에 있는 것이 아니라 주님의 죄 사함의 권세에 있는 것임을 알게 하시는 것입니다.

5. 어떤 서기관의 생각과 주님의 말씀을 살펴봅시다(3-6절).

이 때 한 서기관이 속으로 생각하기를 '이 사람이 신성을 모독하도다'라 하였습니다. 하나님의 권능을 보면서도 여전히 그 안에서 시기하는 마음이 있었던 것입니다. 말로 직접 하지 못하였지만 그 마음은 여전히 시기하는 마음과 질투하는 마음이 가득하였습니다. 나타난 표적과 기적과 이적을 보고, 하나님의 능력의 현장에 있으면서도 그 안에는 여전히 악한 생각이 있었던 것입니다.

주님께서는 한 서기관이 속으로 생각하는 악한 생각을 읽고 계셨습니다. 우리는 우리의 심중의 생각을 우리 주님께서 알고 계시다는 것을 알아야 할 것입니다. 우리는 우리의 생각이 주님께서 기뻐하시는 생각들로 가득할 수 있도록 살펴야 할 것입니다. 우리는 하나님의 권능을 보고 인정하면서도 여전히 그 마음에 있는 악한 생각들을 버리지 못하는 것입니다.

예수님께서는 이러한 질문을 하셨습니다.

"네 죄 사함을 받았느니라 하는 말과 일어나 걸어가라 하는 말 중에 어느 것이 쉽겠느냐"(5절)

어느 것이 더 쉬운 말입니까? 우리의 능력 안에서 혹은 우리가 판단하는 이 판단 안에서 우리는 일어나 걸어가라 하는 것을 더 어렵게 생각합니다. 그러나 사실 영적인 것이 이 육적인 것보다 더 탁월함을 생각할 때 네 죄 사함을 받았느니라는 것이 더 어려운 것입니다. 그러나 사람의 판단은 항상 외적인 것에 메여 있기에 우리 주님께서는 저들에게 외적인 표적을 통해서 우리 주님께서 죄를 사하는 권세까지 가지고 계심을 보이시려는 것입니다.

6. 중풍병자의 치유를 살펴봅시다(7-8절).

예수님의 말씀에 중풍병자는 일어나 집으로 돌아갔습니다. 이를 무리들이 보며 두려워하며 이런 권능을 사람에게 주신 하나님께 영광을 돌렸습니다. 사람들이 본 권능은 중풍병자가 고침을 받은 권능입니다. 그러나 이 사건 속에 이루어진 권능은 죄 사함의 권능입니다.

주님께서는 중풍병자에게 이렇게 말씀하셨습니다. "작은 자야 안심하라 네 죄 사함을 받았느니라"(2절)

우리는 우리의 병이 치유가 되었다고 좋아할 것이 아니라 우리의 죄가 사함 받았음을 감사하여야 합니다. 우리는 우리의 육신의 병의 고침을 위하여 노력할 것이 아니라 우리의 죄를 바라보며 사함을 받기를 사모하여야 합니다. 주님께서 이 땅에 오심은 우리의 육신의 병을 치유하시기 위함이 아니라 우리의 죄를 사하시기 위하여 그 죄의 짐을 지시기 위하여 이 땅에 오셨음을 기억하여야 합니다. 우리의 영적인 병을 치유하시기 위하여 이 땅에 오신 것입니다. 그 누구도, 이 땅의 그 누구도 치유할 수 없는 영적인 병을 고치시려 오신 것입니다.

묵 상

01 중풍병자를 데리고 온 사람들의 믿음에 관하여 나누어 봅시다.

02 예수님께서 서기관들의 마음을 아심에 관하여 나누어 봅시다.

03 죄를 사하는 권능이 주께 있음에 관하여 나누어 봅시다.

되새김

인생의 근본적인 문제는 죄의 문제입니다. 사람들은 여전히 중풍병만을 바라보지만 중풍병보다도 더 무서운 병이 바로 우리들의 죄인 것입니다. 이제 주님께 죄를 사하는 권능이 있음은 우리들의 참된 소망이 바로 예수님께 있음을 알게 하십니다. 우리는 주 안에서 죄 사함을 받을 수 있는 것입니다.

PART

29

마태를 부르심
9장9~13절
(막 2:13-17, 눅 5:27-32)

Key Point

중풍병자를 고치심으로 예수님께 죄를 사하는 권세가 있음을 알게 하셨습니다. 이제 한 사람 마태를 부르심을 통해서 병든 자가 의사에 의해서 고침을 받듯이 주께서 죄인을 부르시고 고치심을 알게 하십니다. 죄인은 비난의 대상이 아닌 치유와 회복의 대상입니다.

마태는 자신의 복음서인 마태복음에서 주님의 권능들이 나열되는 본문의 마지막에 바로 자신의 구원에 대한 이야기를 기록하였습니다. 이는 진정한 하나님의 권능이 바로 이 자연과 어떠한 사람에게가 아닌 자기 자신에게 나타났음을 밝히는 것입니다.

1. 예수님께서 마태를 만나심을 살펴봅시다(9절).

예수님께서 가버나움의 중풍병자를 고치시고 그곳을 떠나 지나가시다가 마태라고 하는 사람이 세관에 앉은 것을 보셨습니다. 마태는 자신의 구원의 이야기에서 자신의 이름을 밝히고 있습니다. 다른 복음서에서는 같은 이야기에 한 세리임을 단순히 말함에 반해 마태는 자신의 이름을 드러내고 있습니다. 부끄러운 자신의 이야기를 통해서 하나님께 영광을 돌리기 위함입니다. 우리는 이 마태의 신앙을 본받아야 합니다. 자신의 유익을 위해서는 자신의 이름을 밝히지만 자신의 부끄러움을 위해서는 자신의 이름을 감추는 것이 아니라 자신의 부끄러움이 됨에도 불구하고 하나님의 영광을 위해서 자신의 유익을 구치 아니하는 마태의 신앙적인 자세를 본받아야 할 것입니다. 세례 요한이 말했던 바와 같이 그는 흥하여야 하겠고 나는 쇠하여야 하리라는 고백을 할 수 있어야 하는 것입니다.

2. 예수님께서 마태를 부르심을 살펴봅시다(9절).

앉는다는 표현은 의미 있는 표현입니다. 앉는다는 것은 그곳에 속하였다는 의미이며 또한 안주하고 있다는 의미이기도 합니다. 그래서 시편 기자는 말하기를 복 있는 사람은 오만한 자들의 자리에 앉지 않는다고 말하였습니다.

세리 마태는 세관에 앉았습니다. 그는 세상에 속하였고 세상에 안주하였습니다. 그러나 이러한 속함과 안주는 주님의 부르심으로 깨어지게 되었습니다. 주님께서는 세리 마태를 부르셨습니다.

"나를 따르라"

주님께서는 세리 마태에게 세상에 속하여 세상에 안주하지 말고 나를 따르라고 말씀하십니다. 앉는다는 표현이 중요하듯이 이제는 일어선다는 표현이 중요한 표현입니다. 마태는 일어났습니다. 그리고 예수님을 따랐습니다. 우리는 저마다 자신의 세관 속에서 살고 있습니다. 우리도 예수님과 상관없이 자신의 삶에 있는 현실에서 일어나 주를 따라야 할 것입니다.

3. 예수님께서 마태의 집에서 앉아 음식을 잡수심을 살펴봅시다(10절).

예수님께서 마태의 집에서 앉아 음식을 잡수셨습니다. 이전에 마태가 세관에 앉았더니 이제는 주님께서 마태의 집에 앉으셨습니다. 주님께서 내게 속하시며 내게 머무십니다. 주님께서 내 집에 오셔서 나와 함께 하십니다. 이 얼마나 복된 모습입니까? 우리 주님을 따를 때에 우리 주님께서 내 집에 오셔서 나와 함께 앉으셔서 함께 하시는 것입니다. 내 집은 참으로 우리 주님의 안식의 처소가 되어야 합니다. 우리 주님께서 기뻐하심으로 머물 수 있는 그러한 집이 되어야 할 것입니다.

4. 바리새인들의 비난을 살펴봅시다(10-11절).

예수님께서 마태의 집에서 앉아 음식을 잡수실 때에 많은 세리와 죄인들이 와서 예수님과 그 제자들과 함께 앉았습니다. 세리와 죄인들은 다른 부류의 사람들이 아닙니다. 우리가 본문을 세리 곧 죄인들이라고 읽어도 같은 의미를 가질 수 있는 말씀입니다. 이에 바리새인들은 예수님의 제자들에게 어찌하여 너희 선생은 세리와 죄인들과 함께 잡수시느냐고 비난하였습니다.

5. 비난하는 자들에게 주신 예수님의 말씀을 살펴봅시다(12-13절).

예수님께서는 비난하는 저들을 향해 말씀하셨습니다.

"건강한 자에게는 의사가 쓸 데 없고 병든 자에게라야 쓸 데 있느니라 너희는 가서 내가 긍휼을 원하고 제사를 원하지 아니하노라 하신 뜻이 무엇인지 배우라 내가 의인을 부르러 온 것이 아니요 죄인을 부르러 왔노라"(12-13절)

주님께서 하신 많은 비유들 중에서도 이처럼 탁월한 비유가 없을 만큼 정말 귀한 말씀입니다. 건강한 자에게는 의사가 쓸 데 없고 병든 자에게라야 쓸 데 있습니다. 우리는 중한 질병을 앓고 있다고 할지라도 스스로 건강하다고 생각하는 한 병원에 가지 않습니다. 주기적인 건강진단을 받지만 자신의 병을 깨닫기까지 절실하지 않습니다. 스스로 의롭다고 생각하는 한 하나님과 단절된 채로 살아갑니다. 우리가 깊이 있는 주님과의 교제를 나눌 수 있는 것은 우리들의 죄를 깨닫고 주님 앞에 나아갈 때에 진정한 교제가 이루어지는 것입니다. 우리는 결코 의로운 모습으로 주님과 교제할 수 없음을 잊지 말아야 할 것입니다.

또한 주님께서 말씀하시기를 하나님께서 원하시는 것은 긍휼을 베푸는 것이며 제사를 원하지 않으신다고 하십니다. 곧 우리가 드리는 예배 가운데 죄악에 대한 회개와 그에 대한 긍휼함을 구하지 않을 때에 그의 예배는 헛된 예배가 됩니다. 예배란 주님의 죽으신 그 피로 드리는 것입니다. 우리가 스스로 의인일 때에 그리스도의 피는 그 사람에게 아무런 가치가 없는 것입니다.

주님께서는 이제 결론적인 말씀을 베푸십니다.

"나는 의인을 부르러 온 것이 아니요 죄인을 부르러 왔노라"

이것은 주님의 오심의 목적을 밝히시는 말씀입니다. 주님께서 이 땅에 오신 목적은 광풍과 풍랑을 잠잠케 하심도 아니며 귀신 들린 자에게서 귀신을 쫓아내려 하심도 아니며 몇몇 사람의 병을 고치시기 위함도 아닙니다. 주님께서는 바로 죄인을 부르러 오신 것입니다. 주님께서는 이 땅에 잃어버린 영혼을 되찾고 죽어가는 영혼을 살리시기 위하여 이 땅에 오신 것입니다.

묵 상

01 세리 마태가 자신의 이름을 밝힘에 관하여 나누어 봅시다.

02 세관에 앉아 있었던 세리 마태에 관하여 나누어 봅시다.

03 마태를 부르심에 있어서 주신 세 가지 말씀을 나누어 봅시다.

되새김

1. 건강한 자에게는 의사가 쓸 데 없고 병든 자에게라야 쓸 데 있느니라
2. 너희는 가서 내가 긍휼을 원하고 제사를 원하지 아니하노라 하신 뜻이 무엇
   인지 배우라
3. 나는 의인을 부르러 온 것이 아니라 죄인을 부르러 왔노라

PART

30

금식 논쟁
9장14~17절
(막 2:18-22, 눅 5:33-39)

Key Point

세리 마태를 부르시고 그의 집에서 함께 음식을 먹음에 대한 논쟁 가운데 '건강한 자에게 의사가 쓸 데 없고 병든 자에게라야 쓸 데 있느니라'는 귀한 교훈을 얻었습니다. 이제 금식에 대한 새로운 논쟁은 '새 포도주는 새 부대에'라는 교훈에 이르게 합니다.

본문 이해

세리 마태를 부르심의 이야기는 자연스럽게 금식 논쟁으로 이어집니다. 세리와 죄인들과 함께 잡수시느냐는 저들의 비난은 멈추어지지도 거두어지지도 않았습니다. 그들은 또 다른 방향으로 논쟁을 이끌었습니다. 먹음에 대한 문제에서 먹지 않음에 대한 문제를 제기하였습니다.

유대인들은 금식하는 때가 있었습니다. 유다 민족은 속죄일에 금식하였고(레 16:29), 예루살렘 파멸을 기억하며 나흘간 금식하였습니다(슥 7:3-5; 8:19). 바리새인들은 민족을 위한 정기적인 금식이 화요일과 목요일에 있었으며 이 외에도 개인의 경건을 위한 금식 기간이 있었습니다. 하나의 절기를 보냄과 같이 이들은 금식하며 경건하게 보내었습니다.

예수님의 제자들이 금식하지 않는다고 비판하지만 우리 예수님께서 하셨던 금식을 기억하여야 할 것입니다. 예수님께서는 40일 동안 광야에서 금식하셨고 마지막 만찬에서 금식을 결단하셨습니다. 마태복음 6장에서는 금식할 때에 은밀히 하라고 가르치셨습니다. 곧 예수님께서는 금식 자체를 금하시지 않으셨습니다. 초대 교회의 경우에 있어서도 금식기도가 있었습니다(행 13:2-3, 14:23, 9:9; 고후 11:27, 고후 6:5). 그러므로 우리는 금식기도 자체가 그리스도교와 동떨어진 경건의 형태는 아님을 알 수 있습니다.

따라서 금식 논쟁은 금식 자체에 대한 논쟁일 수 없습니다. 금식 자체를 논쟁의 주제로 사용하였지만 우리는 이 논쟁을 통해서 더 깊이 있는 교훈에 이르러야 할 것입니다.

"새 포도주는 새 부대"

1. 요한의 제자들의 질문은 무엇입니까?(14절)

요한의 제자들은 예수님께 나아와 그들과 바리새인들은 금식하는데 예수님의 제자들은 금식하지 않았다고 비판합니다. 바리새인들과 요한의 제자들은 금욕적인 생활로 말미암아 저들의 영성을 유지하는데 예수님의 제자들은 그렇지 않는다는 것이 저들의 비판이었습니다.

먼저 이 문제를 깊이 살펴보기 전에 생각해 볼 것이 있습니다. 그것은 우리의 금식됨이 하나님과 아무런 상관이 없다면 그것 자체는 아무런 의미가 없는 것입니다. 내가 아무리 경건하게 선다 할지라도 그것이 결국 하나님과 아무런 상관이 없을 뿐만 아니라 자신의 의를 쌓는 것이라면 그것은 결국 아무런 의미가 없는 것입니다. 금욕적인 삶 자체가 보다 깊은 신앙을 보증해 주는 것은 아닙니다.

사람들의 한계는 이러한 깊음을 알기 보다는 현상적인 의만을 바라

보고 판단합니다. 그래서 세상 사람들은 그 능력이 없더라도 경건의 모양을 그토록 중시하는 것입니다. 그러나 경건의 능력이 없는 경건의 모양은 주 앞에서는 아무런 의미가 없다는 것을, 한 걸음 더 나아가 경건의 능력을 상실한 경건의 모양은 자신에게 없는 경건을 마치 있는 것처럼 자신을 기만하고 하나님께 향하여 기만한다는 면에 있어서 더 악한 부분이 된다는 것을 깨달아야 하겠습니다. 우리는 우리의 경건의 모습이 하나님 앞에서 어떠한지 스스로 잘 살펴야 합니다.

2. 금식에 대한 질문에 예수님의 답변을 살펴봅시다(15절).

금식을 하고 하지 않고 보다 더 중요한 것은 잃어버린 신랑에 관한 문제입니다. 혼인집 손님들이 신랑과 함께 있을 동안에 슬퍼할 수 없는 것입니다. 그러나 예수님께서는 신랑을 빼앗길 날이 이르면 그 때에 금식하게 될 것이라고 말씀하십니다. 이것은 좁게는 예수님께서 잡히시고 십자가에 못 박히시고 죽으셨던 때를 말씀하시는 것입니다. 그 때는 신랑을 빼앗긴 때입니다. 그러나 지금 우리에게는 이 말씀이 적용되지 않습니다. 왜냐하면 우리에게는 성령을 통하여 주님께서 우리와 함께 하심으로, 빼앗겼던 신랑을 되찾았기 때문입니다. 따라서 넓게 보아서 우리의 개인의 경건의 생활 가운데 주님과의 깊은 관계를 상실하고 세상에 빠져있게 되었을 때, 금식의 필요가 있는 것입니다. 세상을 끊고 주님과 보다 더 가깝기 위하여 일시적인 이러한 기간이 필요한 것입니다. 또는 우리가 주와 함께 하는 생활을 함에도 불구하고 더 깊은 영적인 삶을 위하여 필요하기도 할 것입니다.

3. 예수님께서 더하여 주신 비유들을 살펴봅시다(16-17절).

예수님께서는 자신의 신랑 됨과 더불어 두 가지 비유를 더 들려주십니다. 예수님께서 우리들에게 들려주시고자 하는 것은 단지 금식의 문제뿐만 아니라 더 깊은 많은 이야기를 가지고 계신 것입니다.

"생베 조각을 낡은 옷에 붙이는 자가 없나니 이는 기운 것이 그 옷을 당기어 해어짐이 더하게 됨이요"(16절)

연이어 같은 비유의 강조로 들을 수 있는 말씀입니다.

"새 포도주를 낡은 가죽 부대에 넣지 아니하나니 그렇게 하면 부대가 터져 포도주도 쏟아지고 부대도 버리게 됨이라 새 포도주는 새 부대에 넣어야 둘이 다 보전되느니라"(17절)

생베 조각은 곧 기운 것이 그 옷을 당김으로 해어지게 만들 것이고 새 포도주는 발효됨으로 말미암아 헌 가죽 부대를 터지게 할 것입니다. 이것은 우리들에게 무엇을 가르쳐 주시는 말씀입니까? 새 세대, 새 시대에게는 새 정신, 새 가치관, 새 방법, 새 양식이 필요하다는 것을 우리들에게 가르쳐주시는 것입니다. 복음은 옛 구약으로 이해할 수 있는 것이 아닙니다. 상황에 따라 각기 다른 생활 양식이 있다는 정도의 말씀으로 그치는 말씀이 아닙니다. 우리는 이 말씀으로 말미암아 생베 조각과 새 포도주로 비유되는 복음에 관하여 깊이 있게 생각하여야 할 것입니다.

옛 것과 새 것을 비교하고 구분하며 그러한 삶이 어떻게 다른지에 관하여 깊이 있게 생각함이 있어야 할 것입니다. 옛 것은 유대교와 율법을 뜻하며 새 것은 그리스도교와 복음을 뜻합니다. 우리는 유대교와 율법적인 삶과 새 것 되는 그리스도교 복음에 의한 삶을 구분할 수 있어야 합니다. 율법과 복음에 대한 이해는 기독교적인 이해에서 아주 큰 주제에 해당합니다. 율법적인 삶은 무엇을 내가 지키었나 지키지 않았나입니다. 그러나 복음적인 삶에는 그리스도께서 그 중심에 위치합니다. 우리가 지키는 것과 지키지 않는 것조차 결국은 그리스도와의 관계 속에서 이루어지는 것입니다.

누가복음은 다음과 같은 말을 마지막에 더하고 있습니다. "묵은 포도주를 마시고 새 것을 원하는 자가 없나니 이는 묵은 것이 좋다 함이니라" (눅 5:39) 새 포도주에 대한 깊은 묵상이 아니라 여전히 옛 것을 취하는 자들에 대한 비판과 풍자의 말씀입니다.

묵 상

01 요한의 제자들의 질문을 살펴보며 또 다른 여러 질문들에 관하여 나누어 봅시다.

02 나는 신랑과 함께 있습니까? 신랑을 빼앗겼습니까?

03 '새 포도주는 새 부대에'라는 교훈에 관하여 나누어 봅시다.

되새김

보다 중요한 것은 종교적인 여러 행위들이 아닌 주님과의 관계입니다. 주님과의 관계가 아닌 종교적인 행위들로 판단하는 것은 외식하는 것입니다. 새 포도주는 새 부대에 이루어져야 합니다. 육신의 할례가 아닌 마음의 할례를 받은 자가 주님을 모신 삶을 사는 것입니다.

PART

31

추수할 일꾼
9장18~38절

Key Point

8-9장의 10가지 이적에 관한 말씀에서 이번 과는 4가지 이적인 12해 혈루병 여인의 치유, 야이로의 딸을 고치심, 두 맹인을 고치심, 귀신 들려 말 못하는 자를 고치심에 관한 말씀을 전합니다. 주님의 치유는 우리로 주님을 따르게 하며, 고백하게 하며, 전하게 합니다.

    마태복음 9-10장에는 10가지 이적이 있습니다. 이 의미와 연속성이 어떻게 점진적으로 진행되어지를 살펴야 합니다.

    ① 나병환자를 고치심

    ② 백부장의 하인을 고치심

    ③ 베드로의 장모를 고치심

    ④ 풍랑을 잔잔케 하심

    ⑤ 가다라의 귀신들린 자를 고치심

    ⑥ 중풍병자를 고치심

    ⑦ **12해 혈루증 여인을 고치심**

    ⑧ **야이로의 딸을 고치심**

    ⑨ **두 맹인을 고치심**

    ⑩ **귀신 들려 말 못하는 사람을 고치심**

1. 야이로의 딸과 열두 해 혈루증 여인의 치유를 살펴봅시다(18-26절).

    야이로의 딸과 열두 해 혈루증 여인의 치유에 대한 구체적이며 자세한 이야기는 마가복음 교재를 통해서 제시됩니다. 다만 마태복음은 10가지 이적을 모아 간략하게 전하고 있습니다.

열 두 해 혈루증의 여인을 고치심과 회당장 야이로의 딸을 고치심은 인생의 죄악으로 말미암은 죄의 유출과 죽음으로부터 구원에 관하여 알게 하시는 것입니다(참고: 레위기 12-14장, 산모의 정결의식과 나병에 관한 규례).

2. 두 맹인을 고치심을 살펴봅시다(27-31절).

비록 두 맹인은 앞을 보지 못하였지만 이들은 소리칠 수 있었습니다. 두 맹인은 앞을 보지 못하면서도 주님을 따르며 소리 질렀습니다. '다윗의 자손이여 우리를 불쌍히 여기소서' 이들은 잠시 따른 것이 아니라 예수님께서 집에 들어가실 때까지 뒤를 따랐습니다. 예수님께서는 그들에게 물으셨습니다. '내가 능히 이 일을 할 줄을 믿느냐' '주여 그러하오이다' 이에 예수님께서는 그들의 눈을 만지시며 '너희 믿음대로 되라' 하셨습니다. 이에 맹인들의 눈이 밝아졌습니다. 예수님께서는 그들에게 엄히 경고하시기를 삼가 아무에게도 알리지 말라 하셨으나 그들이 나가서 예수의 소문을 그 온 땅에 퍼뜨렸습니다. 저 맹인이 고침을 받고 보게 되었다면 이제 이 모든 이적의 능력과 의미를 앎으로 우리들의 영적인 눈 또한 떠져야 할 것입니다.

3. 귀신 들려 말 못하는 자를 고치심을 살펴봅시다(32-34절).

열두 해 혈루증 여인을 고치시고 죽은 자를 살리시며, 두 맹인을 치유하신 주님께 이번에는 사람들이 귀신 들려 말 못하는 사람을 데려왔습니다. 이에 귀신이 쫓겨나고 말 못하는 사람이 말하였습니다. 무리가 놀랍게 여겨 그들은 '이스라엘 가운데서 이런 일을 본 적이 없다'고 하였습니다. 그들은 참으로 이전에 본 적도 없는 놀라운 일을 목격하였습니다. 그러나 바리새인들은 악의적으로 그가 귀신의 왕을 의지하여 귀신을 쫓아낸다 하였습니다.

10가지 이적은 단순한 치유로부터 시작해서 자연 만물, 영적인 세계에 대한 주의 신성과 능력을 보게 하셨습니다. 더 나아가 이러한 권세는 죄사함의 권세로 나타나 죄의 영향력과 죄의 결과인 사망으로부터 우리를 구원하시는 것입니다. 이제 주의 구원을 받은 자는 주의 능력과 구원을 전하는 자가 되어야 합니다.

4. 추수할 일꾼에 대한 구함을 살펴봅시다(35-38절).

35-38절은 8-9장의 예수님의 치유 사역에 대한 결론적인 말씀입니다. 예수님께서는 모든 도시와 마을을 두루 다니시며 그들의 회당에서 가르치시며 천국 복음을 전파하시며 모든 병과 모든 약한 것을 고치셨습니다. 무리를 보시고 불쌍히 여기시니 이는 그들이 목자 없는 양과 같이 고생하며 기진하였기 때문입니다. 이에 예수님께서는 그들이 구하여야 할 바를 다음과 같이 말씀하셨습니다.

"추수할 것은 많되 일꾼이 적으니 그러므로 추수하는 주인에게 청하여 추수할 일꾼들을 보내 주소서 하라"(37-38절)

묵 상

01 야이로의 딸과 혈루증 여인의 치유에 관하여 나누어 봅시다.

02 두 맹인과 말 못하는 사람의 치유에 관하여 나누어 봅시다.

03 추수할 일꾼에 관한 교훈을 나누어 봅시다.

되새김

우리의 병을 치유하신 예수님께서 참되게 우리들을 치유하시기 원하시는 것은 죄로부터 치유며 구원입니다. 예수님을 따르는 자는 그분이 누구이며 무엇을 하시는 줄 알며 또한 이를 전하는 자가 되어야 할 것입니다.

PART

32

제자 파송 설교 1
10장1~15절

Key Point

마태복음 10장은 제자 파송 설교입니다. 8-9장이 예수님의 사역과 그 결과를 보여주신
다면 이제 예수님의 사역이 제자들을 통해서 이루어집니다. 주님께서는 자신의 권능을 그
의 제자들에게 허락하신 것입니다.

본문 이해

마태복음의 5편의 설교 중에 5-7장의 산상수훈의 말씀에 이어 두 번째 설교는 10장의 제자 파송 설교입니다. 5-7장의 산상수훈의 말씀을 통해 가르치신 예수님께서는 8-9장을 통해 이적을 보이셨으며 이제 10장에서 제자들을 가르치시고 파송하십니다. 5-7장의 teaching의 말씀, 8-9장의 healing의 말씀에 이어 10장은 preaching의 말씀입니다.

■ 마태복음 10장의 구조적 이해

마 10:1: 열두 제자를 부르심과 권능을 주심

마 10:2-4: 열두 제자의 명단

마 10:5-6: 전도의 대상

마 10:7: 전도의 메시지

마 10:8-15: 보냄을 받은 자의 자세

마 10:16-23: 전도 사역자가 받을 핍박

마 10:24-33: 두려워하지 말라

마 10:34-37: 화평이 아닌 검을 주러 오심

마 10:38-39: 자기 십자가

마 10:40-42: 복음 전도자를 영접하는 자가 받을 상급

마 11:1: 요약

1. 예수님께서 열 두 제자들에게 권능을 주심을 살펴봅시다(1절).

　예수님께서 특별히 열 두 제자들을 부르시고 그들에게 더러운 귀신을 쫓아내며 모든 병과 모든 약한 것을 고치는 권능을 주셨습니다. 자신이 이 땅에 행하신 일들을 이제 그의 제자들을 통해서 계속 행하시는 것입니다.

2. 열두 사도의 이름을 살펴봅시다(2-4절).

　열 두 제자의 '제자'는 넓은 의미이나 12라는 숫자를 통해서 이들이 특별한 제자들임을 나타낸다면 더 구체적으로 이제 사도라 하십니다. 제자들은 처음부터 보냄을 받은 자들임을 알아야 할 것입니다. 제자들은 또한 사도로서의 사명이 무엇인지를 분별하여야 합니다.

　열 두 사도들의 이름은 다음과 같습니다.

　베드로라 하는 시몬과 그의 형제 안드레
　세베대의 아들 야고보와 그의 형제 요한
　빌립과 바돌로매
　도마와 세리 마태
　알패오의 아들 야고보와 다대오
　가나나인 시몬과 및 예수를 판 가룟 유다

　베드로의 이름을 가장 먼저 언급하였으며, 형제들은 함께 기록하였습니다. 형제가 아닌 경우라 할지라도 짝을 이루어 둘씩 기록하였습니다.

베드로의 원래 이름은 시몬입니다. 베드로라 하는 시몬과 그의 형제 안드레가 가장 먼저 기록되었습니다. 시몬은 '하나님께서 들으심'이라 는 뜻이며, 예수님께서 그에게 새 이름으로 주신 아람어 '게바'는 '반석' 이라는 뜻이며, 헬라어로 베드로가 됩니다.

다음은 세베대의 두 아들인 야고보와 그의 형제 요한입니다. 세베대 의 아들 야고보는 12제자 중에서 가장 먼저 순교하였으며 유일하게 요 한은 순교하지 않고 살아 복음을 위하여 쓰임을 받았습니다.

세 번째 쌍으로 소개된 제자는 빌립과 바돌로매입니다. 빌립은 오병 이어 이적에서 매우 현실적인 자로 묘사됩니다. 돌로매의 아들이란 뜻 의 '바돌로매'에 관하여서는 요한복음 1장에서 빌립이 나다나엘을 예 수님께서 인도하는 장면을 통해 바돌로매와 나다나엘은 동일 인물로 추정됩니다(요 1:43-46).

네 번째 쌍으로 소개된 제자는 도마와 세리 마태입니다. 도마는 의심 많은 제자로 알려졌으며 마태복음의 저자인 마태는 자신을 이러한 도 마와 함께 쌍을 이루고 앞 세웠으며 더 나아가 자신의 부끄러움이 되는 세리됨을 그의 이름 앞에 붙였습니다.

다섯 번째 쌍으로 소개된 제자는 알패오의 아들 야고보와 다대오입니다. 알패오의 아들 야고보는 세베대의 아들 야고보와 구별되며 작은 야고보로 불립니다. 그는 가장 예수님과 닮은 제자이며 가장 기도를 많이 한 제자로 낙타 무릎으로도 유명합니다. 다대오는 유다의 다른 이름으로 그는 유다서를 기록한 제자로 여겨집니다.

마지막 여섯 번째 쌍으로 소개된 제자는 가나나인 시몬과 가룟 유다입니다. 베드로의 이름인 시몬과 구별된 가나나인 시몬은 열심당원으로 이스라엘의 해방 운동에 관여된 자였으며 마지막 가룟 유다는 12제자 중에 가장 마지막으로 소개되며 예수님을 판 자라는 오명으로 기록되었습니다.

3. 제자들을 파송하시며 명하신 전도의 대상을 살펴봅시다(5-6절).

제자들을 파송하실 때에 첫 번째 그들의 전도 대상은 이방인도 사마리아인도 아닌 이스라엘 집의 잃어버린 양이었습니다. 이는 이스라엘을 향한 하나님의 약속의 성취가 됩니다. 복음 전파의 원칙이며 우선순위가 되는 유대인에게 먼저 복음을 전하심을 보여주십니다.

4. 제자를 파송하신 목적 곧 메시지에 관하여 살펴봅시다(7절).

"가면서 전파하여 말하되 천국이 가까이 왔다 하고"(7절)

예수님의 공생애의 시작은 "회개하라 천국이 가까이 왔느니라"는 복음의 선포였습니다. 동일하게 제자들 또한 그들이 보냄을 받는 일차적이고 근본적인 사명은 천국 복음을 전파함에 있었습니다. 비록 짧은 한 구절이지만 이 복음이 가장 근본적이며 우선적이라는 사실을 인지하여야 합니다.

5. 보냄을 받은 자들의 자세에 관하여 살펴봅시다(8-15절).

① 거저 받았으니 거저 주어라

천국 복음을 위하여 보냄을 받은 자들은 그 분의 능력을 덧입고 사역을 할 때에 거저 받았으니 거저 주어야 합니다.

"병든 자를 고치며 죽은 자를 살리며 나병환자를 깨끗하게 하며 귀신을 쫓아내되 너희가 거저 받았으니 거저 주라"(8절)

② 가지지 말라

두 번째 유의해야 할 것은 가지지 말라는 것입니다. 사명자가 대가를 요구하는 것은 바람직스럽지 않고 더 나아가 소유를 지향하게 될 때에 그에게 주어진 사명을 망각하기 쉽습니다. 필요한 것을 가지되 그 이상에 욕심을 두어서는 안 될 것입니다.

"너희 전대에 금이나 은이나 동을 가지지 말고 여행을 위하여 배낭이나 두 벌 옷이나 신이나 지팡이를 가지지 말라 이는 일꾼이 자기의 먹을 것 받는 것이 마땅함이라"(9-10절)

③ 거기서 머물라

사역자는 자신이 머물 장소에 관하여 더 나은 장소를 구하여서는 안 될 것입니다. 자신의 사명을 망각하고 자신의 편의를 구하여서는 안될 것입니다. 그러므로 사역자는 성이나 마을에 들어가든지 그중에 합당한 자를 찾아내어 떠나기까지 거기서 머뭅니다.

또 그 집에 들어가면서 평안하기를 빌며 그 집이 이에 합당하면 그 빈 평안이 거기 임할 것이며 만일 합당하지 아니하면 그 평안이 자신에게 돌아올 것입니다.

만일 사역자를 배척하여 영접하지도 않고 말을 듣지도 않으면 그 집이나 성에서 나가 자신의 발의 먼지를 떨어 버리라 하였습니다. 심판의 날에 소돔과 고모라 땅이 그 성보다 견디기 쉬울 것입니다.

묵상

01 사도들의 권능을 받음과 보냄 받음에 관하여 나누어 봅시다.

02 내가 보냄을 받은 곳은 어디입니까?

03 복음 전도자가 가져야 할 자세들에 관하여 나누어 봅시다.

되새김

예수님께서는 복음은 전파하시고 가르치시며 또한 고치셨습니다. 이는 예수님만의 사역이 아닌 그의 제자들이 행하여야 할 사역입니다. 복음 전파와 가르침과 치유에 대한 균형을 잃지 말아야 할 것입니다.

PART

33

제자 파송 설교 2
10장16~33절

Key Point

마태복음의 두 번째 설교인 10장의 제자 파송 설교에서 이전 과에서는 제자들을 부르심과 파송 받은 자들의 자세를 전하였습니다. 이번 과는 파송된 전도자들이 받을 환난을 전하며 두려워하지 말라고 권면합니다.

본문 이해

복음 전파에는 세 가지가 필요합니다. 지혜와 성령의 도우심과 담대함입니다. 복음 전파는 양을 이리 가운데 보냄과 같은 것이기에, 많은 핍박이 자명함으로 그러한 핍박에 지혜롭게 처신함이 필요합니다. 또한 이러한 어려움을 대처하기 위해서는 지혜만이 아닌 성령님의 도우심이 절대적으로 필요합니다. 마지막으로 필요한 것은 담대함입니다. 핍박은 많은 두려움을 가지게 합니다. 그러나 고난과 핍박은 도리어 큰 영광을 가지고 오게 될 것입니다. 오뚝이를 쓰러뜨릴 수는 있어도 오뚝이는 다시 일어섭니다. 스프링을 누를 수는 있어도 스프링은 다시 솟아오릅니다. 동일하게 성도는 핍박을 받으나 결국 큰 영광을 얻게 될 것입니다.

"몸은 죽여도 영혼은 능히 죽이지 못하는 자들을 두려워하지 말고 오직 몸과 영혼을 능히 지옥에 멸하실 수 있는 이를 두려워하라"(28절)

1. 전도 사역자가 받을 핍박에 관하여 살펴봅시다(16-23절).

예수님께서는 그의 제자들을 보냄이 마치 양을 이리 가운데 보냄과 같다고 하셨습니다. 이는 보냄을 받는 제자들이 당면하게 될 핍박을 예고하시는 말씀입니다. 그러므로 주님께서는 제자들에게 너희는 뱀 같이 지혜롭고 비둘기 같이 순결하라고 말씀하십니다. 이 지혜는 이리 가운데 보냄을 받은 양에게 있어야 할 지혜입니다.

이미 팔복의 말씀에서 나로 말미암아 너희를 욕하고 박해하고 거짓으로 너희를 거슬러 모든 악한 말을 할 때에는 너희에게 복이 있다고 하였습니다. 동일하게 복음을 선포하는 전도 사역자들은 예수님으로 말미암아 핍박을 받게 될 것입니다. 그러나 그 때에 무엇을 말할까 염려하지 말 것은 그들 속에서 아버지의 성령께서 그들에게 할 말을 주실 것이기 때문입니다.

이 핍박은 세상으로부터만이 아닌 가장 가까운 가족으로부터까지 오게 될 것이며 모든 사람에게 미움을 받을 것입니다. 그러나 끝까지 견디는 자는 구원을 얻을 것입니다.

핍박을 받는 자는 이 동네에서 박해를 받으면 저 동네로 피하라 하심은 복음 전파자들의 목적은 핍박을 받음에 있는 것이 아니며 복음을 전파하는 데에 있으므로 더욱 지혜로워야 함을 다시금 교훈하시는 것입니다.

2. 핍박 가운데 두려워하지 말라 하심을 살펴봅시다(24-33절).
이전 단락에서 주로 핍박이 있을 것임을 말씀하셨다면 이번 단락에서는 이러한 핍박에도 불구하고 두려워하지 말라고 권면하십니다. 복음 전파에 핍박이 온다면 또한 이러한 핍박에 두려움이 복음 전파의 어려움이 됩니다. 그러므로 이러한 핍박에 담대함으로 승리하여야 합니다.

제자가 선생보다 높지 못하고, 종이 그 상전보다 높지 못합니다. 동일하게 집주인 되신 예수님을 바알세불이라 비난하였던 자들이 집 사람들된 자들에 대한 핍박은 자명합니다. 그러나 두려워하지 말 것은 이 모든 것들의 진실은 심판의 날에 다 드러나게 될 것입니다. 참되게 두려워할 분은 저 핍박하는 세상이 아닌 하나님이십니다.

"몸은 죽여도 영혼은 능히 죽이지 못하는 자들을 두려워하지 말고 오직 몸과 영혼을 능히 지옥에 멸하실 수 있는 이를 두려워하라"(마 10:28)

한 앗사리온에 두 마리가 팔리는 참새라 할지라도 그 하나도 하나님께서 허락하지 않으시면 떨어지지 않습니다. 하나님께서는 우리의 머리털까지 다 세신 바 되십니다. 우리는 많은 참새보다 귀한 자입니다.

누구든지 이 땅에서 사람 앞에서 주를 시인하면 주님께서도 하늘에 계신 아버지 앞에서 그를 시인할 것이며 누구든지 사람 앞에서 주를 부인하면 주께서도 하늘에 계신 아버지 앞에서 그를 부인하실 것입니다.

묵상

01 복음 전파에 필요한 지혜에 관하여 나누어 봅시다.

02 복음 전파에 도우시는 성령님에 관하여 나누어 봅시다.

03 복음 전파의 필요한 담대함을 나누어 봅시다.

되새김

핍박을 받는 자가 핍박을 너무나 당연시 여겨 이에 대한 적절한 대처를 포기하는 것은 지혜가 아닙니다. 또한 핍박 속에서 사람의 지혜로만 위기를 이겨 나아가고 자 하는 것 또한 신앙이 아닙니다. 핍박은 많은 두려움을 줄 수 있습니다. 그러나 복음 전파자는 담대함으로 모든 핍박에 승리하여야 할 것입니다.

제자 파송 설교 3
10장34~11장1절

Key Point

10장의 제자 파송 말씀 가운데, 1. 제자를 부르심과 보내심에 관한 말씀, 2. 핍박과 담대함에 관한 말씀에 이어 이번 과는 복음에 있어 주님에 관하여, 우리 자신에 관하여, 영접하는 자에 관하여 전합니다.

　　제자 파송 설교의 마지막은 예수님께서 이 땅에 오신 목적을 분명히 알게 하심으로 결단을 촉구하며, 자기 십자가의 의미를 밝힘으로 복음을 향한 삶의 각오를 새롭게 하며, 전도자를 영접하는 자의 상급을 밝히십니다.

1. 화평이 아닌 검을 주러 오심에 관하여 살펴봅시다(34-37절).

　　"내가 세상에 화평을 주러 온 줄로 생각하지 말라 화평이 아니요 검을 주러 왔노라"라고 하신 주님의 말씀은 너무나도 충격적인 말씀입니다. 주님은 우리에게 화평을 주시는 분이십니다. "평안을 너희에게 끼치노니 곧 나의 평안을 너희에게 주노라"(요 14:27)고 하신 말씀에서 주님은 우리에게 평안을 주시는 분으로 나타나 있습니다. 그러나 주님이 말씀하신 평안은 세상에서 말하는 화평을 말한 것이 아닙니다. 세상이 주는 것 같지 아니하다는 말씀에서 구분하셨으며(요 14:27) 이는 그리스도 안에서 누릴 수 있는 영적 평안을 의미한 말씀입니다. 그러므로 주님이 말씀하신 이 평안은 세상 사람들이 누리고 있는 평안과 충돌하지 않을 수 없는 것입니다.

　　화평에 관하여 남유다의 여호사밧은 북이스라엘의 아합과 화평하였습니다. 그러나 그는 이러한 화평함으로 말미암아 책망을 받아야 했습니다.

"하나니의 아들 선견자 예후가 나가서 여호사밧 왕을 맞아 이르되 왕이 악한 자를 돕고 여호와를 미워하는 자들을 사랑하는 것이 옳으니이까 그러므로 여호와께로부터 진노하심이 왕에게 임하리이다"(대하 19:2)

복음은 도리어 세상을 분열케 하고 분쟁케 합니다. 복음이 들어가는 곳은 예수님을 믿고 따르는 자들과 복음을 대적하는 자들로 나뉘게 되는 것입니다. 그러므로 주님께서는 내가 온 것은 사람이 그 아버지와, 딸이 어머니와, 며느리가 시어머니와 불화하게 하려 함이라 하였습니다. 복음은 가장 가까운 피붙이 가운데에도 나뉘게 합니다. 복음에 합당하지 않을 때에 가장 가까운 사람이 도리어 원수가 될 수 있습니다. 그러므로 말씀은 아버지나 어머니를 나보다 더 사랑하는 자는 내게 합당하지 아니하고 아들이나 딸을 나보다 더 사랑하는 자도 내게 합당하지 아니하다 하였습니다.

곧 복음은 듣는 자들에게 결단을 촉구합니다.

2. 자기 십자가를 지어야 함에 관하여 살펴봅시다(38-39절).

사람의 원수가 자기 집안 식구라 하였으며(36절), 아버지나 어머니를 나보다 더 사랑하는 자, 아들이나 딸을 나보다 더 사랑하는 자도 내게 합당하지 아니하다 하셨습니다(37절). 이제 더 나아가 합당하지 않은 자는 자기를 사랑하는 자입니다.

"또 자기 십자가를 지고 나를 따르지 않는 자도 내게 합당하지 아니하니라"(38절)

자기를 사랑하는 자는 결코 자기 십자가를 질 수 없습니다. 자기를 부인하는 자만이 자기 십자가를 질 수 있는 것입니다.

"자기 목숨을 얻는 자는 잃을 것이요 나를 위하여 자기 목숨을 잃는 자는 얻으리라"(39절)

두 번째 구절은 앞의 구절을 보다 자세히 알게 합니다. 자기 십자가를 지는 것은 단순한 고난, 불편함 정도가 아닙니다. 그것은 자기 목숨을 잃는 것입니다. 이는 복음을 들은 자로 하여금 복음에 대하여 각오하게 합니다.

3. 복음 전도자들을 영접하는 자들이 받을 상에 관하여 살펴봅시다(40-42절).

복음을 받아들이지 못하고 세상 속에서의 화평에 관한 경고의 말씀에 이어 마지막 메시지는 복음 전도자들을 영접하는 자들에게 주어질 상급에 관하여 전합니다.

먼저 복음을 전도하는 자들을 영접하는 것은 주님을 영접함이며 주님을 영접하는 자는 또한 주님을 이 땅에 보내신 이를 영접함과 같은 것입니다.

그들이 받을 상급은 선지자의 이름으로 선지자를 영접하는 자는 선지자의 상을 받을 것이며 의인의 이름으로 의인을 영접하는 자는 의인의 상을 받을 것이며 누구든지 제자의 이름으로 작은 자 중 하나에게 냉수 한 그릇이라도 주는 자는 그 사람이 결단코 상을 잃지 않을 것입니다.

복음은 결단하게 하고, 각오할 뿐만 아니라 이에 그 상급과 보상에 관하여 약속하시는 것입니다.

묵 상

01 화평이 아닌 검을 주러 오심에 관하여 나누어 봅시다.

02 자기 십자가에 관하여 나누어 봅시다.

03 복음 전도자들에 대한 영접이 주는 교훈에 관하여 나누어 봅시다.

되새김

복음은 결단하게 하고, 각오하게 하고, 마지막으로 약속합니다. 복음에 결단하지 못하는 자는 이 세상을 주님보다 더 사랑하는 자로 합당하지 않으며, 각오하지 못하는 자는 자기 목숨을 얻는 자로 합당하지 못합니다. 그러나 영접하는 자는 결단코 상을 잃지 않을 것입니다.

마태복음(상)

제3부

선포와 배척

(11-15장)

PART

35

세례 요한의 질문
11장2~19절

Key Point

10장의 제자 파송 설교가 끝이 나고 11-12장의 말씀은 배척에 관한 말씀입니다. 세례 요한은 그리스도에 대한 확신이 결여되었으며 이 세대는 무감각하였으며 세례 요한과 예수님은 폄하되었습니다.

본문 이해

1-4장의 예수님의 탄생과 시작, 5-7장의 산상수훈, 8-9장의 이적, 10장의 제자 파송 설교에 이어 11-12장은 세대의 배척에 관하여 전합니다. 세례 요한조차 확신하지 못하는 연약함이 있었으며 마지막으로 예수님의 가족들조차 예수님을 믿지 못하였습니다(11:1-15 , 12:46-50). 영적으로 무감각한 세대, 악하고 음란한 세대에 대하여 예수님께서 책망하셨습니다(11:16-19, 12:38-45). 예수님의 권능에도 불구하고 회개하지 않았으며 도리어 예수님의 권능을 바알세불을 힘입은 것으로 폄하하였으며(11:20-30, 12:22-36), 안식일 논쟁에서 살펴보는 바 예수님에 대한 배척이 있었습니다(12:1-8, 12:9-21).

■ 마태복음 11-12장의 구조적 분석

  a. 세례 요한의 확신의 결여(11:1-15)

    b. 영적으로 무감각한 세대(11:16-19)

      c. 회개하지 않은 도시들(11:20-30)

        d. 안식일 논쟁: 제자들을 배척(12:1-8)

        d'. 안식일 논쟁: 예수님을 배척(12:9-21)

      c'. 바알세불 논쟁(12:22-36)

    b'. 악하고 음란한 세대(12:38-45)

  a'.예수님의 가족의 믿음 결여(12:46-50)

■ 마태복음 11-12장의 구조적 이해

　마 11:2-6: 세례 요한의 질문과 예수님의 대답

　마 11:7-15: 세례 요한에 대한 예수님 말씀

　마 11:16-19: 이 세대에 대한 비유

　마 11:20-24: 회개하지 않은 도시들

　마 11:25-27: 예수님의 감사와 찬양

　마 11:28-30: 수고하고 무거운 짐진 자들아

　마 12:1-8: 인자는 안식일의 주인

　마 12:9-21: 안식일에 손 마른 자를 고치심

　마 12:22-37: 바알세불 논쟁

　마 12:38-45: 서기관과 바리새인이 표적을 구함

　마 12:46-50: 하나님 나라의 영적 가족

1. 세례 요한의 질문과 예수님의 대답을 살펴봅시다(2-6절).

　세례 요한은 당신의 유대의 왕인 헤롯 안티파스가 그의 동생 헤롯 빌립의 아내 헤로디아를 아내로 삼은 일을 책망한 일로 말미암아 옥에 갇히게 되었습니다. 예수님께서는 요한이 잡혔음을 들으시고 갈릴리로 물러가셨다가 나사렛을 떠나 가버나움 사역을 행하셨습니다(마 4:12-13).

　요한은 옥에서 그리스도께서 하신 일을 듣고 제자들을 보내었습니다. 자신이 직접 예수님께 세례를 베풀었음에도 불구하고 그 또한 불

완전한 메시야관을 통해서 예수님이 그리스도이심에 관하여 확신할 수가 없었습니다.

"오실 그 이가 당신이오니이까 우리가 다른 이를 기다리오리이까"(3절)

이에 예수님께서는 다음과 같이 대답하셨습니다. 이는 요한의 잘못된 메시야관에 관하여, 유대의 해방이 아닌 본질적인 메시야관을 깨닫게 해 주시는 말씀이 됩니다.

"너희가 가서 듣고 보는 것을 요한에게 알리되 맹인이 보며 못 걷는 사람이 걸으며 나병환자가 깨끗함을 받으며 못 듣는 자가 들으며 죽은 자가 살아나며 가난한 자에게 복음이 전파된다 하라 누구든지 나로 말미암아 실족하지 아니하는 자는 복이 있도다"(4-6절)

2. 세례 요한에 대한 예수님의 말씀을 살펴봅시다(7-15절).
세례 요한의 제자들이 떠난 후에 예수님께서는 무리에게 요한에 대하여 가르쳐주셨습니다. 이와 같은 세례 요한에 대한 소개와 가르침은 단지 그가 누구인지가 아닌 그를 통해서 예수님 자신에 관하여 알게 하시는 것입니다.

먼저 물으셨습니다.

'너희가 무엇을 보려고 광야에 나갔더냐 바람에 흔들리는 갈대냐'(7절)

바람에 흔들리는 갈대는 세례 요한의 강인함과 대조적입니다.

'그러면 너희가 무엇을 보려고 나갔더냐 부드러운 옷 입은 사람이냐 부드러운 옷을 입은 사람들은 왕궁에 있느니라'(8절)

부드러운 옷은 낙타털 옷을 입고 허리에 가죽 띠를 띠고 메뚜기와 석청을 먹었던 세례 요한과 대조적입니다(마 3:4)

이러한 반어법적인 표현들은 세례 요한의 곧음, 굳음, 강인함과 더불어 사치와 거리가 멀었던 그의 삶을 가르칩니다.

'그러면 너희가 어찌하여 나갔더냐 선지자를 보기 위함이었더냐 옳다 내가 너희에게 이르노니 선지자보다 더 나은 자니라'(9절)

바람에 흔들리는 갈대와 부드러운 옷 입은 사람들과 대조되었던 세례 요한은 선지자라는 바른 견해에도 불구하고 차이가 있습니다. 왜냐하면 그는 선지자보다 더 나은 자이기 때문입니다. 이는 그의 인격과 능력에 대한 말씀이 아닌 그의 사명과 보다 관련이 있습니다. 그는 가장 근접하게 가까이, 직접적으로 주님의 길을 예비한 자이기 때문입니다.

"기록된 바 보라 내가 내 사자를 네 앞에 보내노니 그가 네 길을 네 앞에 준비하리라 하신 것이 이 사람에 대한 말씀이니라"(마 11:10)

세례 요한은 선지자보다 더 나은 자이며, 여자가 낳은 자 중에 가장 큰 자라는 칭찬을 받았습니다. 그러나 아이러니하게도 천국에서는 극히 작은 자라도 그보다 큽니다.

"내가 진실로 너희에게 말하노니 여자가 낳은 자 중에 세례 요한보다 큰 이가 일어남이 없도다 그러나 천국에서는 극히 작은 자라도 그보다 크니라"(마 11:11)

주님의 길을 예비하는 자가 큰 자이나 이제는 주 예수 그리스도로 말미암아 하나님 나라의 복음을 들고 경험하고 동참하고 더 나아가 전하는 자들은 더 큰 자가 되는 것입니다. 이는 단순히 크기의 차이가 아닌 질적인 차이를 가지고 오는 것입니다.

"세례 요한의 때부터 지금까지 천국은 침노를 당하나니 침노하는 자는 빼앗느니라"(마 11:12)

이는 새로운 시대가 도래되었음을 알림이 됩니다. 세례 요한까지는 오실 메시야에 대한 예언으로 그 정점에 세례 요한이 있다면 그로부터는 천국의 도래가 이루어지기 시작하고 그리로 들어는 자들이 일어나게 된 것입니다.

"모든 선지자와 율법이 예언한 것은 요한까지니 만일 너희가 즐겨 받을진대 오리라 한 엘리야가 곧 이 사람이니라 귀 있는 자는 들을지어다"(13-15절)

3. 이 세대에 대한 비유를 통해 가르치시는 바는 무엇입니까?(16-19절)

표면상으로 말씀은 완악한 세대를 비유적으로 표현합니다. 아이들이 피리를 부는 것은 결혼 잔치 자리이며, 슬피 우는 것은 장례 놀이와 같습니다. 그러나 이러한 극과 극의 표현에도 불구하고 반응하지 않는 완악한 세대입니다.

그러나 내면적으로 본 단락의 말씀은 세례 요한에 대한 소개에서 보다 확연하게 예수 그리스도에 관하여 전하여주십니다.

"요한이 와서 먹지도 않고 마시지도 아니하매 그들이 말하기를 귀신이 들렸다 하더니 인자는 와서 먹고 마시매 말하기를 보라 먹기를 탐하고 포도주를 즐기는 사람이요 세리와 죄인의 친구로다 하니 지혜는 그 행한 일로 인하여 옳다 함을 얻느니라"(18-19절)

묵상

01 세례 요한의 연약함에 관하여 나누어 봅시다.

02 세례 요한과 천국에서 극히 작은 자의 비교를 살펴봅시다.

03 이 세대의 특징에 관하여 나누어 봅시다.

되새김

복음을 전하나 확신의 결여, 이해의 결여, 무감각함은 이 세대의 특징을 너무나
잘 보여줍니다. 반대로 말씀은 우리들에게 확신을 주시며, 이해를 주시며, 열정
을 주십니다.

PART

36

수고하고 무거운 짐 진 자들아
11장20~30절

Key Point

마태복음의 중요 메시지는 '회개하라 천국이 가까웠느니라'(마 4:17)입니다. 이번 과는 이 세대의 배척에 관한 말씀의 연속 속에서 회개하지 않음에 대한 책망과 구원과 안식으로의 초청의 말씀입니다.

본문 이해

세례 요한의 확신의 결여와 이 세대의 무감각에 대한 말씀이 이어 회개하지 않은 고을들에 대한 책망과 구원의 초청의 말씀이 이어집니다. 예수님께서 권능을 가장 많이 행하신 고을들이 도리어 회개하지 않음을 통해서 더 큰 책망이 있게 됩니다. 고라신, 벳새다, 가버나움은 모두 갈릴리의 도시들로서 예수님의 주요 활동지가 되며 많은 권능을 베푸심에도 불구하고 그들은 회개하지 않았습니다. 그러나 여전히 예수님께서는 자신 안에 있는 구원과 안식으로 사람들을 초청하십니다.

1. 회개하지 않은 도시들에 대한 책망을 살펴봅시다(20~24절).

먼저 주어지는 말씀은 책망의 말씀입니다. 그들의 게으름이나 연약함에 대한 책망이 아닌 회개하지 않음에 대한 책망입니다. 예수님의 이적과 권능의 목적은 그 자체가 목적이 아닌 회개케 하기 위함입니다. 그러나 많은 이적이 베풀어졌던 도시들에서 회개가 일어나지 않을 때에 예수님께서는 책망하셨습니다.

고라신은 가버나움 북방 3km 떨어진 도시며, 벳새다는 베드로와 안드레, 빌립의 고향으로 알려진 곳으로 갈릴리 바다 동북쪽에 위치해 있습니다. 이들 갈릴리 도시들에 대한 책망은 두로와 시돈과 비교하여 이루어집니다. 만일 하나님께서 이들 도시들에 행하신 이적과 권능을 두

로와 시돈에서 행하였더라면 그들은 벌써 베옷을 입고 재에 앉아 회개하였을 것이기 때문입니다.

"내가 너희에게 이르노니 심판 날에 두로와 시돈이 너희보다 견디기 쉬우리라"(22절)

갈릴리 도시들에 대한 책망은 위치상으로 벳새다와 마주 보고 있는 가버나움에까지 이어집니다. 가버나움은 갈릴리 호수 서북쪽에 위치해 있으면 예수님의 공생애 사역의 주요 무대로 본동네라고 불리기도 하였습니다. 그러나 이 도시 또한 회개하지 않음으로 말미암아 그들의 교만이 하늘에까지 높아졌음을 책망하십니다. 그러나 그들은 음부에까지 낮아지게 될 것입니다. 하나님께서 가버나움에 행하신 이적과 권능을 만일 소돔에서 행하셨더라면 그 성이 오늘까지 있었을 것입니다.

"내가 너희에게 이르노니 심판 날에 소돔 땅이 너보다 견디기 쉬우리라 하시니라"(24절)

2. 예수님의 감사와 찬양을 살펴봅시다(25-27절).
앞선 말씀에서 회개하지 않은 도시들에 대한 심판을 선언하셨다면 이번 단락에서는 예수님의 감사와 찬양에 관하여 전합니다.

하나님의 구원은 회개로 말미암은 것입니다. 회개하지 않는 자는 심판을 받게 되는 것입니다. 이것을 하나님께서는 지혜롭고 슬기 있는 자들에게는 숨기시고 어린 아이들에게는 나타내셨습니다. 지혜롭고 슬기 있는 자들은 유대의 지도자들이며, 세상입니다. 이에 반해 어린 아이는 예수님의 말씀을 받는 믿음의 사람들입니다. 이러한 것이 바로 아버지 하나님의 뜻입니다.

3. 수고하고 무거운 짐 진 자들을 향한 주님의 초청의 말씀을 살펴봅시다 (28절).

　주님께서 초청하시는 자들은 죄인뿐만 아니라 수고하고 무거운 짐 진 자들입니다. 죄인에게 구원과 생명을 허락하신다면 수고하고 무거운 짐 진 자들에게는 쉼과 안식을 허락하여 주시는 것입니다. 하나님께서는 우리들에게 안식을 주시고, 생명을 주십니다. 더 나아가 하나님께서 인생에게 허락하시는 바는 바로 쉼입니다. 수고하고 무거운 짐 진 자들을 초청하시고 그들에게 주실 바 쉼에 관하여 선언하십니다.

　복음은 언제나 차별하지 않습니다. 베데스다의 연못에는 단 한 사람만이 고침을 받고 나음을 입었지만 은혜는 차별을 두지 않습니다. 주님께서 베데스다의 38년 된 병자를 고치심은 선택받은 한 사람만을 고치신 것이 아니라 복음은 차별하지 않으심을 가르치시기 위하여 가장 소망 없는 자를 고치신 것입니다.

　"명절 끝날 곧 큰 날에 예수께서 서서 외쳐 가라사대 누구든지 목마르거든 내게로 와서 마시라 나를 믿는 자는 성경에 이름 같이 그 배에서 생수의 강이 흘러나리라"(요 7:37)

"내가 문이니 누구든지 나로 말미암아 들어가면 구원을 얻고 또는 들어가며 나오며 꼴을 얻으리라"(요 10:9)

"누구든지 주의 이름을 부르는 자는 구원을 얻으리라"(롬 10:13)

4. 주님의 자기 계시에 관하여 살펴봅시다(28-30절).

이 짧은 말씀 속에서도 1인칭의 주님의 자기 계시가 7번이나 나옵니다.

"수고하고 무거운 짐 진 자들아 다 내게로 오라 내가 너희를 쉬게 하리라 나는 마음이 온유하고 겸손하니 나의 멍에를 메고 내게 배우라 그리하면 너희 마음이 쉼을 얻으리니 이는 내 멍에는 쉽고 내 짐은 가벼움이라 하시니라"(28-30절)

묵 상

01 고라신, 벳새다, 가버나움에 주는 교훈에 관하여 나누어 봅시다.

02 지혜롭고 슬기 있는 자들과 어린 아이들은 어떠한 자들입니까?

03 수고하고 무거운 짐 진 자를 초청하시는 말씀의 교훈을 나누어 봅시다.

되새김

한편으로 말씀은 회개를 촉구하며, 다른 한편으로는 구원으로 초청하십니다. 심판은 회개하지 않음으로 말미암은 것이며, 참된 안식은 예수 그리스도로 말미암은 것입니다.

안식일의 주인
12장1~8절
(막 2:23-38, 눅 6:1-5)

Key Point

이번 과는 예수님의 제자들이 안식일에 밀을 잘라 먹음에 대한 논쟁입니다. 안식일에 하지 못할 일을 행함에 대한 논쟁에서 오히려 예수님께서는 주님 자신이 누구이신가를 밝히십니다. '인자는 안식일의 주인이니라'

본문 이해

   마태복음 11-12장은 세대의 배척에 관하여 전합니다. 세례 요한의 확신의 결여와 세대의 무감각, 회개하지 않음에 대한 책망과 구원의 말씀에 이어 안식일 논쟁을 통한 사람들의 배척에 관하여 전합니다. 저들은 먼저 제자들을 정죄하였는데 이 정죄는 곧 주님께 향한 것이었습니다. 그러나 도리어 주님께서는 이 배척의 일 가운데에서 주님이 누구이신가를 밝히십니다. 주님은 성전보다 더 큰 이가 되시며 인자는 안식일의 주인이십니다.

1. 안식일에 제자들이 밀의 이삭을 잘라 먹음과 바리새인들의 비난을 살펴봅시다(1-2절).

   예수님께서 안식일에 밀밭 사이로 가실새 제자들이 시장하여 이삭을 잘라 먹었습니다. 이미 예수님은 공적으로 모든 사람들에게 노출되어 있기에 주님과 제자들의 작은 행위도 간과되지 않았습니다. 이것을 본 바리새인들은 그들이 가진 율법을 따라 '당신의 제자들이 안식일에 하지 못할 일을 하나이다'라고 정죄하였습니다. 우리는 우리의 모든 일들이 이처럼 많은 대적들에게 노출되어 있음을 깨닫고 경계를 늦추지 말아야 할 것입니다.

   안식일에 하지 못할 일이라 함은 본래적인 율법이 아닌 저들이 만들어낸 법도입니다. 이제 주님께서는 이 안식일 논쟁을 통해서 본래적인 안식일의 의미를 오늘날 우리들에게 가르쳐 주십니다.

2. 제자들을 위한 예수님의 변호하심에 관하여 살펴봅시다(3-5절).

바리새인들의 비난에 예수님께서는 두 가지 구약의 실례를 사용하십니다. 먼저 다윗이 자기와 함께 한 자들이 시장할 때에 한 일입니다. 다윗이 사울을 피해 당시에 성막이 있었던 놉 땅으로 도망하여 제사장 아히멜렉에게 이르렀을 때에 아히멜렉은 다윗에게 진설병을 주었습니다(삼상 21:1-6).

"제사장이 그 거룩한 떡을 주었으니 거기는 진설병 곧 여호와 앞에서 물려 낸 떡밖에 없었음이라 이 떡은 더운 떡을 드리는 날에 물려 낸 것이더라"(삼상 21:6)

두 번째 예로 안식일에 제사장들이 성전 안에서 안식을 범하여도 죄가 없음을 율법을 증거합니다(민 28:9-10). 제사장들은 안식일에 안식을 하지 않고 도리어 제사를 지내는 일을 해야 했습니다. 그러므로 안식일은 단순히 일을 금하는 날이 아닌 것입니다.

3. 안식일에 주인되심에 관하여 살펴봅시다(6-8절).

본 단락에는 세 가지 메시지가 있습니다.

1. 성전보다 더 큰 이
2. 나는 자비를 원하고 제사를 원하지 아니하노라
3. 인자는 안식일의 주인이니라

"내가 너희에게 이르노니 성전보다 더 큰 이가 여기 있느니라"(6절)

바리새인들은 안식일에 제자들이 밀을 잘라 먹은 것으로 논쟁하였습니다. 이에 예수님께서는 성전과 안식일에 관한 구약적인 예를 드신 후에 자신은 성전보다 더 큰 이라는 증거합니다. 비록 그들이 이를 받아들이지는 못할지라도 이는 엄청난 선언이 되는 것입니다. 성전이 거룩하며 그곳에서 섬기는 자들이 행함이 정당화된다면 성전보다 더 큰 이이신 예수님의 사역을 함께 하는 자들의 행위는 더욱 정당화될 수밖에 없는 것입니다.

"나는 자비를 원하고 제사를 원하지 아니하노라 하신 뜻을 너희가 알았더라면 무죄한 자를 정죄하지 아니하였으리라"(7절)

또한 다윗의 실례에서와 같이 예수님께서는 자비를 원하십니다. 자비와 긍휼은 그분의 뜻입니다. 예수님께서는 더욱 적극적으로 제자들의 행위를 변호하시며 그들을 무죄한 자라 하셨습니다.

"인자는 안식일의 주인이니라"(8절)

성전보다 더 큰 이, 자비를 원하심에 이어 안식일에 대한 예수님의 선언은 인자는 안식일의 주인이라는 것입니다. 바리새인들은 안식일에 관하여 바른 이해를 가지지 못하고 도리어 무거운 짐을 지우며 정죄하는 일을 행하였습니다. 그러나 이 논쟁을 통해서 예수님께서는 도리어 자신이 이 안식일의 주인이심을 밝히셨습니다.

안식일은 하나님께서 엿새 동안 세상과 만물을 창조하시고 제정하신 일곱째 날입니다. 하나님께서 이 안식일을 제정하셨기에 삼위일체 하나님이신 주님 또한 이 안식일의 주인이 되신 것입니다. 주께서 이 안식일을 제정하셨기 때문입니다.

또한 주께서 이 안식일을 무엇을 금하는 날이 아니라 모든 것을 기념하고 쉼을 주시는 축복의 날이 되게 하셨습니다. 출애굽기에는 이 날의 기념을 하나님의 창조에 두고 있으나 신명기의 말씀을 통해서는 한 가지 더 가르치는데 그것은 이스라엘의 출애굽을 기념케 하셨습니다. 오늘날 우리들에게는 이 모든 것의 원형이 되는 하나님의 구원을 기념하며 감사의 날이 된 것입니다. 이처럼 안식일은 쉼의 날이요 기념의 날이요 축복의 날입니다.

구약의 안식일은 이미 신약에 폐하여졌음을 알아야 합니다. 구약의 안식일은 율법이며 이를 지키지 않으면 죄와 심판과 저주가 있게 됩니다. 신약의 성도들은 이러한 구약적인 의미에서 주일을 지키는 것이 아님을 분명히 하여야 합니다.

"내가 그의 모든 희락과 절기와 월삭과 안식일과 모든 명절을 폐하 겠고"(호 2:11)

"그러므로 먹고 마시는 것과 절기나 초하루나 안식일을 이유로 누구 든지 너희를 비판하지 못하게 하라 이것들은 장래 일의 그림자이나 몸 은 그리스도의 것이니라"(골 2:16-17)

"너희가 날과 달과 절기와 해를 삼가 지키니 내가 너희를 위하여 수고 한 것이 헛될까 두려워하노라"(갈 4:10)

구약의 다른 절기가 폐하여짐과 마찬가지로 안식일 또한 폐하여졌 습니다. 안식일의 완성은 이제 부활의 날입니다. 우리는 그 날을 지키 지 못함으로 말미암아 심판의 두려움 속에 있는 것이 아니라 주님의 부 활 속에 이미 영생을 소유하게 되는 것입니다. 그러므로 우리가 주일을 지킴은 안식일을 대신한 것이 아니라 감사와 은혜로 지키는 것입니다.

묵상

01   바리새인들의 비난에 관하여 나누어 봅시다.

02   제자들의 행위의 정당성은 무엇입니까?

03   안식일에 관하여 나누어 봅시다.

되새김

제자들이 밀의 이삭을 잘라 먹은 한 사건은 도리어 성전보다 더 크시며 안식일의
주인되신 예수님에 관하여 알게 하였습니다. 그분은 안식일의 주인이시며 그분
이 원하시는 것은 제사가 아닌 자비입니다.

PART

38

안식일에 손 마른 자를 고치심
12장9~21절
(막 3:1-6, 눅 6:6-11)

Key Point

예수님의 제자들이 밀 이삭을 잘라먹은 이야기와 손 마른 자를 고치신 두 이야기는 모두 안식일과 연관된 안식일 논쟁입니다. 예수님께서는 앞선 안식일 논쟁에서 인자는 안식일의 주인이심을 알게 하셨고 이번 안식일 논쟁에서는 안식일은 사람을 위한 것임을 밝히십니다.

본문 이해

앞선 제자들이 밀의 이삭을 잘라먹은 일은 안식일 논쟁입니다. 연속되는 안식일에 손 마른 자를 고치심 또한 안식일의 논쟁이 계속 이어집니다. 누가복음에서는 두 안식일이 서로 다른 안식일임을 밝혔으나 마태복음은 이러한 구분 없이 연속되는 안식일 논쟁을 통해서 안식일의 참된 의미를 밝힙니다.

바리새인들의 배척은 제자들에서 직접적으로 주님께 향하게 되며 이 사건 이후에 바리새인들은 예수님을 죽일 일을 의논하게 됩니다.

1. 안식일에 회당에서 이루어진 바리새인들의 질문을 살펴봅시다(9-10절).

안식일에 밀밭 사이에서 제자들의 행위를 지적하였던 바리새인들은 이제는 회당에서 예수님을 고발하려는 의지를 가지고 있었습니다. 회당에서 질문한 자들에 관하여 '사람들'이라고 하였지만 이들은 바리새인들이었습니다(2절, 14절). 이들은 그들의 지식으로 도리어 예수님을 넘어뜨리고자 한 자들입니다.

앞선 사건이 우발적인 일에 대한 논쟁이었다면 회당에서의 논쟁은 보다 고의적이며, 계획적인 논쟁입니다. 그들은 고발에 대한 의지를 가지고 예수님께서 질문하였습니다. '안식일에 병 고치는 것이 옳으니이까' '병을 고치는 것이 옳으니이까'라고 묻는다면 이는 너무나도 자명한 일일 것입니다. 그러나 안식일이라는 조건이 머뭇거리게 합니다. 곧 믿음이 아니라면 아무런 문제가 되지 않는 것들이 믿음 안에서 문제가 됩니다. 이는 복음에 대한 왜곡이며, 오해이며, 어리석음이 됩니다.

2. 바리새인들의 질문에 대한 예수님의 답변을 살펴봅시다(11-12절).

예수님께서는 이들의 질문에 대답하셨습니다.

"너희 중에 어떤 사람이 양 한 마리가 있어 안식일에 구덩이에 빠졌으면 끌어내지 않겠느냐 사람이 양보다 얼마나 더 귀하냐 그러므로 안식일에 선을 행하는 것이 옳으니라" (11-12절)

앞선 논쟁에서는 성경을 근거로 하여서 그들을 깨우치셨다면 이번에는 그들의 일상의 삶의 한 부분을 통해서 이 자명한 사실을 일깨우셨습니다. 믿음이 왜곡될 때에 신앙은 일반적인 상식의 수준에도 못 미치게 됩니다.

어떤 사람이 양 한 마리가 있어 자신의 생계의 모든 것이 될 때에 그 양이 안식일에 구덩이에 빠졌으면 당연히 끌어낼 것입니다. 그렇다면 더욱 귀한 사람을 위하여 안식일에 선을 행하는 것은 마땅한 일입니다.

3. 손 마른 자를 고치심을 살펴봅시다(13절).

바리새인들을 일깨우신 예수님께서는 손 마른 자에게 손을 내밀라 하시고 그의 손을 치유하셨습니다. 앞선 안식일의 교훈에 있어서 안식일의 주인이신 인자를 나타내시며 하나님을 섬김에 무게를 두셨다면 두 번째 안식일의 논쟁에 있어서는 이 안식일이 사람을 괴롭게 하는 날이 아닌 사람을 회복케 하시고 치유하시고, 즐겁게 하시는 날임을 알게 하십니다.

4. 바리새인의 의논함을 살펴봅시다(14절).

이전에 바리새인들의 의논은 예수님을 고발하기 위함이었습니다. 그러나 이제 이들은 예수님을 죽으기를 의논하였습니다. 사람을 살리는 일을 가르치신 그 가르침 속에서 저들은 오히려 예수님을 죽이는 계획을 세웠습니다.

5. 사람들의 따름과 예수님께서 자신을 나타내지 않음에 관한 말씀의 성취를 살펴봅시다(15-21절).

안식일에 손 마른 사람을 고치심에 관한 말씀은 바리새인들의 예수님을 죽이기 위한 의논함에 관한 말씀으로 마칩니다. 예수님께서는 이 모든 것을 아시고 거기서 떠나셨으나 많은 사람이 따랐습니다. 그들은 비록 진실된 믿음과 신앙으로 주님을 따른 것이 아님에도 불구하고 예수님께서는 그들의 병을 다 고치셨습니다. 그러나 그들에게 자기를 나타내지 말라는 경고의 말씀을 하셨습니다. 예수님은 사람들이 원하는 메시야 상으로 말미암아 진정한 메시야의 사역이 오해되고 왜곡되기를 원하지 않으셨으며, 주께서 이 땅에 오신 목적을 이루시기까지 다툼과 충돌을 원하지 않으셨습니다. 이는 온전히 자신의 사역을 완수하시기 위함이신 것입니다. 더 나아가 이는 말씀에 대한 성취였습니다.

"보라 내가 택한 종 곧 내 마음에 기뻐하는 바 내가 사랑하는 자로다 내가 내 영을 그에게 줄 터이니 그가 심판을 이방에 알게 하리라 그는 다투지도 아니하며 들레지도 아니하리니 아무도 길에서 그 소리를 듣지 못하리라 상한 갈대를 꺾지 아니하며 꺼져가는 심지를 끄지 아니하기를 심판하여 이길 때까지 하리니 또한 이방들이 그의 이름을 바라리라"(마 12:18-21, 사 42:1-3)

'여호와의 종의 노래'의 인용을 통해서 예수님은 하나님의 종으로 하나님의 기뻐하시는 사랑하는 자이며, 하나님의 영의 부음 바 되었으며, 복음을 알게 하십니다. 그는 자신의 의를 나타내기 위하여 다투거나 논쟁하지도, 드러내지도 않았습니다. 그러나 그는 상한 갈대와 같고 꺼져가는 심지와 같은 연약한 자들에게 긍휼을 베푸사 온전한 복음을 이루사 이방들이 그의 이름을 바랄 것입니다.

묵 상

01 바리새인들의 비난은 누구를 향하고 있습니까?

02 앞선 밀밭에서의 논쟁과 손 마른 자를 고치심에 관한 두 안식일 논쟁을 비교하여 봅시다.

03 바리새인들은 어떠한 의논을 시작하였습니까?

되새김

사람들의 배척은 제자들에서 보다 직접적으로 예수님께 향하였으나 인자가 안식일의 주인이심을 밝히신 주님께서는 안식일에 선을 행함을 허락하심으로 안식일이 사람을 위한 것임을 알게 하십니다.

PART

39

바알세불 논쟁
12장22~37절
(막 3:20-30, 눅 11:14-26)

Key Point

이번 단락에 이르러 예수님을 향한 배척은 절정에 이릅니다. 간접적이며(밀밭 사건), 직접적으로(손 마른 자를 고치신 사건) 나타났던 예수님을 향한 배척이 더욱 노골적으로 드러나게 된 것이 바알세불 논쟁입니다.

본문 이해

안식일에 제자들의 행위에 대한 논쟁에서 안식일에 손 마른 자를 고치심에는 직접적으로 예수님과 논쟁하였던 바리새인들은 더욱 적극적이며 노골적으로 예수님과 논쟁함이 바로 바알세불 논쟁입니다. 이들은 예수님을 대적하며 폄하하기를 예수님을 바알세불이라고까지 주장하였습니다.

1. 귀신 들려 눈 멀고 말 못하는 사람을 고치심을 살펴봅시다(22절).

안식일에 회당에서 손 마른 자를 고치심에 이어 사람들은 귀신 들려 눈 멀고 말 못하는 사람을 데리고 왔습니다. 이에 예수님께서 그를 고쳐 주셨을 때에 말 못하며 보지 못하였던 자가 말을 하며 보게 되었습니다.

2. 무리들과 바리새인들의 반응을 살펴봅시다(23-24절).

예수님께서 말 못하며 보지 못하였던 자를 고치셨을 때에 먼저 무리들은 이를 놀랍게 여기며 그의 능력 안에서 다윗의 자손 곧 메시야일 가능성을 보았습니다. 무리가 다 놀라 이르기를 '이는 다윗의 자손이 아니냐' 하였습니다. 그러나 바리새인들은 이러한 고백에 더욱 반대하며 대적하기를 '이가 귀신의 왕 바알세불을 힘입지 않고는 귀신을 쫓아내지 못하느니라'고 하였습니다.

왜 이러한 억지를 쓰게 되었습니까? 사람들의 고백과 깨달음에 당황하였기 때문입니다. 그러나 배움이 없었던 사람들조차 깨달은 것을 바리새인들이 깨닫지 못하였다는 것은 그들의 지혜가 부족해서가 아니라 그들의 의도적인 불신 때문인 것입니다.

3. 스스로 분쟁하는 나라에 대한 가르침을 살펴봅시다(25-26절).

바리새인들의 억지스러운 대적함에 대하여 예수님께서는 스스로 분쟁하는 나라에 대한 가르치심을 주십니다. 오히려 주님께서는 사탄이 사탄을 쫓아낼 수 없음의 이유를 가르치십니다.

"스스로 분쟁하는 나라마다 황폐하여질 것이요 스스로 분쟁하는 동네나 집마다 서지 못하리라 만일 사탄이 사탄을 쫓아내면 스스로 분쟁하는 것이니 그리하고야 어떻게 그의 나라가 서겠느냐"(25-26절)

우리는 사단의 나라가 그 나라 안에는 견고함을 잘 알아야 합니다. 우리가 싸우는 적은 결코 오합지졸이 아닐 뿐만 아니라 그의 나라와 조직은 견고한 것입니다. 우리가 더 근신해야 할 이유가 여기에 있습니다.

4. 재판관이 될 바리새인들의 아들들에 관하여 살펴봅시다(27절).

만일 예수님께서 바알세불을 힘입어 귀신을 쫓아내는 것이면 바리새인들의 아들들은 누구를 힘입어 쫓아낸다고 할 수 있겠느냐고 반문하십니다. 곧 그들도 지금까지 바알세불을 힘입어 귀신을 쫓아내었다고 할 수밖에 없는 것입니다. 그러므로 그들이 바리새인들의 재판관이 될 것입니다.

5. 예수님께서는 귀신을 쫓아내심에 의미는 무엇입니까?(28-30절).

이제까지 예수님께서는 자신이 바알세불에 힘입어 귀신을 쫓을 수 없음을 논리적으로 증거하셨습니다. 이제 예수님께서 귀신을 쫓아내심의 세 가지 의미를 말씀하십니다.

첫째, 예수님께서는 누구를 힘입어 귀신을 쫓아내셨는지를 밝히 드러내셨습니다. 곧 예수님께서는 하나님의 성령을 힘입어 귀신을 쫓아내셨으며 이는 하나님 나라가 이미 그들 가운데 임하셨음을 의미하는 것입니다. 단순히 귀신만이 내쫓김을 받은 것이 아니라 성령의 역사이며, 하나님 나라의 임재인 것입니다.

둘째, 예수님께서 귀신을 쫓으심은 주님의 강하심을 보게 하시는 것입니다. 사람이 먼저 강한 자를 결박하지 않고서는 그 강한 자의 집에 들어가 그 세간을 강탈할 수 없습니다. 결박한 후에야 그 집을 강탈할 수 있습니다. 마찬가지로 강한 자인 마귀를 더 강한 자 되신 주님께서 결박하심이며 주님의 능력으로 병든 자들을 고치신 것입니다.

셋째, 귀신을 쫓으심을 통해서 알게 하시는 바는 예수님과 함께 아니하는 자는 주를 반대하는 자며 예수님과 함께 모으지 아니하는 자는 헤치는 자입니다. 바리새인들의 비난에 대해서 그 행위는 단순한 비판이 아닌 예수님과 반대 편 곧 마귀의 일에 서 있는 악하고 위험한 행위인 것입니다.

6. 성령 훼방 죄에 관하여 살펴봅시다(31-32절).

예수님께서 귀신을 쫓음의 의미를 밝히셨다면 반대로 바리새인들이 성령의 역사를 비방하는 일이 얼마나 중대하고 두려운 일인가를 알게 하십니다. 곧 사람에 대한 모든 죄와 모독은 사함을 받을 수 있으나 성령을 모독하는 것은 사하심을 얻지 못합니다. 누구든지 말로 인자를 거역한 일은 사함을 받을 수 있으나 성령을 거역하는 일에는 사하심을 얻지 못합니다.

7. 열매를 통해서 밝히시는 바리새인들에 대한 경고의 말씀을 살펴봅시다 (33-37절).

계속되는 바리새인들에 대한 책망의 말씀은 나무와 열매를 통해서 밝히십니다. 나무가 좋지 않으면 좋은 열매를 맺을 수 없으며, 반대로 그 열매로 그 나무를 알 수 있는 것입니다. 바리새인들은 그들의 열매로 좋은 나무가 아님을 알 수 있습니다. 그들의 비방과 악한 말은 그 쌓은 악에서 악한 것을 낸 것입니다. 두려워할 것은 사람이 무슨 무익한 말을 하든지 심판 날에 이에 대하여 심문을 받게 될 것입니다. 그 행위만이 아닌 그 말로 의롭다 함을 받든지 정죄함을 받게 될 것입니다.

묵 상

01 바리새인들의 비난과 비방에 관하여 나누어 봅시다.

02 예수님께서 귀신을 쫓으심의 의미에 관하여 나누어 봅시다.

03 바리새인들의 위험에 관하여 나누어 봅시다.

되새김

죄를 짓는 자는 자신의 죄가 얼마나 두려운 것인지를 알지 못합니다. 더 나아가 성령의 역사를 보고도 이를 믿지 못하고 도리어 분쟁하는 바리새인들의 악한 행위에 관하여 예수님께서는 경고하십니다.

PART

40

표적을 구함
12장38~45절

Key Point

서기관과 바리새인 중 몇 사람이 표적 보여주시기를 구하였습니다. 그러나 예수님께서
는 이 세대를 악하고 음란한 세대라 하셨습니다. 그들은 이전의 많은 이적과 표적을 깨닫
지 못하였습니다. 이에 예수님께서는 저들에게 요나의 표적에 관하여 말씀하셨습니다.

바알세불의 논쟁을 통하여 노골적으로 예수님을 배척하였으나 갑자기 표적을 구합니다. 그러나 이는 변화가 아닌 배척함의 또 다른 모습일 뿐입니다. 그들이 표적을 구함은 이전의 많은 이적과 표적을 인정하지 않는 것입니다. 예수님께서는 이 세대를 향하여 악하고 음란한 세대라 하셨습니다. 이 세대는 하나님의 말씀에 무감각할 뿐만 아니라 악한 세대며, 음란한 세대입니다.

1. 서기관들과 바리새인 중 몇 사람들이 표적을 구함을 살펴봅시다(38절).

이미 앞서 예수님께서는 자신이 메시야로서 나타낼 수 있는 많은 표적을 보여주셨습니다. 그러나 바리새인들은 도리어 예수님의 능력을 귀신을 힘입은 것으로 폄하하였습니다. 예수님께서 보여주신 많은 이적을 믿지 않고 도리어 폄하하였던 바리새인들은 다시 표적을 구하였습니다. 이는 믿음으로 말미암은 것이 아닌 불신앙적인 태도였습니다.

2. 요나의 표적을 살펴봅시다(39-40절).

이미 많은 이적을 보여주셨음에도 불구하고 또 다른 표적을 구하는 자들에게 예수님께서는 악하고 음란한 세대라 책망하시며 그들에게 보일 표적은 선지자 요나의 표적밖에 보일 표적이 없다 하셨습니다. 요나가 밤낮 사흘 동안 큰 물고기 뱃속에 있었던 것 같이 인자도 밤낮 사흘 동안 땅 속에 있을 것입니다.

3. 심판 때에 이 세대를 향한 두 가지 정죄함에 관하여 살펴봅시다(41-42절).

　심판 때에 니느웨 사람들이 일어나 이 세대 사람을 정죄할 것입니다. 이는 그들이 요나의 전도를 듣고 회개하였기 때문입니다. 예수님은 요나보다 더 큰 이이십니다.

　심판 때에 남방 여왕이 일어나 이 세대 사람을 정죄할 것입니다. 이는 그가 솔로몬의 지혜로운 말을 들으려고 땅 끝에서 왔기 때문입니다. 예수님은 솔로몬보다 더 큰 이이십니다.

4. 더러운 귀신에 관한 이야기를 살펴봅시다(43-45절).

　예수님께서는 앞선 책망과 경고의 말씀의 연속으로 더러운 귀신에 관한 이야기를 전해 주십니다. 이는 앞선 말씀과 아무런 상관이 없는 듯하지만 예수님께 표적을 구한 이 악한 세대를 향한 말씀입니다.

　더러운 귀신이 사람에게 나갔을 때에 물 없는 곳으로 다니며 쉬기를 구하였습니다. 물 없는 곳은 광야의 땅으로 광야의 땅은 귀신들의 처소로 일반적으로 여겨졌습니다. 그러나 더러운 귀신은 물 없는 곳에서 쉴 곳을 얻지 못하고 내가 나온 내 집으로 돌아가리라고 하였습니다. 이에 돌아와 보니 그 집이 비고 청소되고 수리되어 있었습니다. 이에 더러운 귀신은 가서 자기보다 더 악한 귀신 일곱을 데리고 그 집에 들어가 가하니 그 사람의 나중 형편이 전보다 더 심하게 되었습니다.

곧 더러운 귀신이 나갔을 때에 귀신 들렸던 자는 성령으로 새로운 주인을 모셔야 했습니다. 그러나 귀신은 나갔으나 하나님의 채우심 바 되지 못한 자는 도리어 더 많고 강한 귀신들의 집이 되고 말았습니다.

이는 유대인들에 대한 책망과 경고의 말씀입니다. 바벨론 포수 이후에 그들은 귀신을 내쫓은 집이 되었으나 참된 주인이신 성령을 모시지 못하였을 때에 그들은 마치 일곱 귀신들과 함께 들어온 더러운 귀신의 집과 같이 된 것입니다.

묵상

01   서기관과 바리새인 중 몇 사람이 표적을 구함에 관하여 나누어 봅시다.

02   요나의 표적의 의미는 무엇입니까?

03   나중 형편이 전보다 더욱 심함이 주는 교훈은 무엇입니까?

되새김

표적을 구하는 자들을 통해서 이 세대의 또 다른 특징으로 깨닫지 못함을 봅니다. 결국 악한 세대는 하나님 나라를 받지 못함으로 말미암아 나중 형편이 전보다 더 심하게 되는 것입니다.

PART

41

하나님 나라의 영적 가족
12장46~50절

Key Point

이번 단락은 예수님의 가족에 관한 말씀입니다. 11-12장의 이 세대의 배척에 관한 말씀은 세례 요한의 확신의 결여에 관한 말씀으로 시작하여 예수님의 가족의 믿음의 결여에 관한 말씀으로 매듭됩니다. 참된 하나님의 가족은 혈과 육이 아닌 믿음의 공동체입니다.

본문 이해

이번 단락은 세례 요한의 확신의 결여로부터 시작되었던 11-12장의 이 세대의 배척의 마지막 말씀입니다.

    a. 세례 요한의 확신의 결여(11:1-15)

        b. 영적으로 무감각한 세대(11:16-19)

            c. 회개하지 않은 도시들(11:20-30)

                d. 안식일 논쟁: 제자들을 배척(12:1-8)

                d'. 안식일 논쟁: 예수님을 배척(12:9-21)

            c'. 바알세불 논쟁(12:22-36)

        b'. 악하고 음란한 세대(12:38-45)

    a'.예수님의 가족의 믿음 결여(12:46-50)

세례 요한의 확신의 결여와 쌍을 이루어 예수님의 가족의 믿음의 결여에 관하여 보게 합니다. 특별히 이 혈연공동체의 믿음의 결여를 통해서 하나님 나라는 혈과 육에 속한 것이 아닌 믿음의 공동체인 것을 알 수 있습니다. 이 땅에서 가족이 갖는 중요성은 이루 말할 수 없습니다. 그러나 말씀은 이러한 이 세상에서의 혈연적인 그 끈끈함이 아닌 하나님 나라는 믿음으로 새로운 공동체가 된다는 것입니다. 이 피는 그리스도의 피며 참되게 모든 사람을 살리는 피인 것입니다. 이 영적인 끈끈함은 이 세상의 혈연적인 것보다 더운 *끈끈함*을 우리는 알아야 할 것입니다.

1. 예수님의 어머니와 동생들에 관하여 살펴봅시다(46-47절).

　예수님의 어머니 마리아에게는 예수님 외에 몇 명의 자녀들이 있었음을 살펴볼 수 있습니다. 예수님께서 무리에게 말씀하실 때에 어머니 마리아와 동생들이 예수님께 말하려고 밖에 서 있었습니다. 아마도 예수님과 바리새인 등 종교 지도자들과의 계속되는 마찰은 예수님의 가족들에게 근심이 되었으며 예수님을 집으로 데려가고자 하였을 것입니다. 이들의 근심은 자연스러우나 이는 믿음으로 말미암은 것은 아니었습니다. 예수님의 어머니와 동생들뿐만 아니라 예수님의 친족들까지도 예수님을 미쳤다고 하였습니다(막 3:21).

　이에 한 사람이 '예수님께 보소서 당신의 어머니와 동생들이 당신께 말하려고 밖에 서 있나이다'라고 여쭈었습니다.

2. 예수님의 대답을 살펴봅시다(48-50절).

　예수님께서는 대답하시기를 '누가 내 어머니이며 내 동생들이냐' 하시고 손을 내밀어 제자들을 가리켜 이르시기를 '나의 어머니와 나의 동생들을 보라'고 하셨습니다. 그리고 이들의 자격됨에 관하여 '누구든지 하늘에 계신 내 아버지의 뜻대로 하는 자가 내 형제요 자매요 어머니이니라'고 하셨습니다. 이 땅에서의 혈연적인 관계가 아닌 주님과의 관계가 새롭게 형성되는 축복의 말씀입니다.

   우리는 영적인 새 가족을 우리가 이 땅에서 혈연적인 관계를 가진 사람 이상으로 소중하게 여겨야 합니다. 이 말씀을 곡해해서 기독교는 가족도 모르는 종교라고 비난해서는 안 될 것입니다. 말씀은 가족에 관해서 오히려 가르치시기를 자기 친족을 돌보지 않는 자는 불신자들보다도 더 악한 자라고 말씀하시고 있기 때문입니다(딤전 5:8). 그러나 우리는 분명히 교회 공동체가 혈연적인 공동체가 아닌 믿음의 공동체일 때에 우리는 이 믿음의 공동체의 한 사람 한 사람을 이 땅에서 가족을 대하듯이 그러한 사랑으로 대하여야 하는 것입니다.

묵 상

01 예수님의 가족들이 온 이유에 관하여 나누어 봅시다.

02 참된 영적인 가족에 관하여 나누어 봅니다.

03 11-12장의 내용을 간략하게 정리하여 봅시다.

되새김

복음의 사역자와 가족들의 믿음의 결여는 단지 이 세대의 배척을 정죄하기 앞서 우리 자신을 돌아보게 합니다. 문제는 이 세대가 믿지 않음에 있는 것이 아니라 내 자신이 하나님의 말씀을 바르게 믿지 못함에 있는 것입니다.

참고도서

- Bacon, B. W. Studies in Matthew. New York: Holt, 1930.
- Beare, F. W. The Gospel according to Matthew: A Commentary. Oxford:Blackwell, 1981.
- Blomberg, C. L. Matthew, New American Commentary. Nashville: Broadmann, 1992
- Bugge, C. A. Die Haupt-Parabeln Jesu. Giesseni A. Töpelmann, 1903.
- Cadoux, A. T. The Parables of Jesus: Their Art and Use. London: James Clarke, 1930.
- Carson, D. A. Matthew. Grand Rapids: Zondervan, 1984,
- Dodd, C. H.   The Parables of the Kingdom. New York: Charles Scribner's Sons, 1961.
- Fenton, J. C. The Gospel of St. Matthew, The Pelican Commentaries:London, 1974.
- Funk, R. W. "Beyond Criticism in Quest of Literacy: The Parable of the Leaven." Interpretation 25 , April 1971.
- Funk, R. W. Language, Hermeneutic, and Word of God: The Problem of Language in the New Testament and Contemporary Theology. New York, Evanston, and London, Harper & Row Publishers, 1966.
- Goulder, M. D. Midrash and Lection in Matthew. London, 1974.
- Grant, M. A Short History of the Interpretation of the Bible. New York: Mamillan, 1963.
- Hanson, R. P. C. Allegory and Event: a study of the sources and

significance of Origen's interpretation of scripture. London: John Know Press, 2002.

- Hill, D. The Gospel of Matthew. London, 1972.
- Hunte, A. M. The Parables Then and Now. London: SCM Press Ltd, 1973
- Jeremias, J. Rediscovering the Parables. New York: Charles Scribner's Sons, 1966.
- Jülicher. A. Die Gleichnisreden Jesu. Ⅰ, Darmstadt: Wissenschaftliche Buchgesellschaft, 1976
- Kingsbury, J. D. Matthew: Structure, Christology, Kingdom, Philadelphia:Fortress Press, 1975.
- Linnemann, E. Parable of Jesus. N.Y.:Harper & Row and London, 1966.
- Patte. D. The Gospel According to Matthew, USA: Fortress Press, 1987.
- Price C. Matthew, Great Britain: The Guernsey Press, 2000.
- Smith, C. W. F. The Jesus of the Parables. Phliadelphia: United Church Press, 1975.
- Streeter, B. H. the four Gospels. London, 1930.
- Via, D. O. The Parables: Their Literary and Existential Dimension. Philadelphia: Fortress Press, 1967.
- Wenham, David. "The Structure of Matthew ⅩⅢ " New Testament Studies Vol. 25, 1979.
- Berkhof, L. 『성경 해석학』. 서울: 성광 문화사, 1982.
- Blomberg, C. L. 『비유해석학』. 서울: 생명의 말씀사, 1996.
- Bultmann, R. 『공관복음 전승사』. 서울: 대한기독교서회, 1988.

- Funk, R. W. 『예수에게 솔직히』. 서울: 한국기독교연구소, 1999.
- Hagner, D. A. 『국제성서주석: 마태복음』. 서울:솔로몬, 1999.
- Jeremias, J. 『예수의 비유』. 서울: 분도출판사, 1991.
- Kingsbury, J. D. 『예수의 비유』. 서울: 나단, 1991.
- Kissinger, W. S. 『예수의 비유』. 서울: 종로서적, 1987.
- Machen, J. G. 『신약성서 희랍어 교본』. 서울: 대한기독교서회, 1989.
- Mackintosh, C. H. 『레위기』. 서울: 생명의 말씀사, 1999.
- Morgan, G. C. 『마태복음 강해(상)』. 서울: 아가페, 2001.
- Perrin, N. 『예수의 가르침 속에 나타난 하나님의 나라』서울: 도서출판 솔로몬, 1999.
- Stein, R. H. 『예수님의 비유』. 서울: 새순출판사, 1988.
- 김득중. 『복음서의 비유들』. 서울: 컨콜디아사, 1990.
  『마태복음』. 서울: 성서교재간행사, 1987.
- 나요섭. "마태복음" 『신약성서개론』. 서울: 대한기독교서회, 2002.
- 박수암. 『마태복음』. 서울: 기독교서회, 2004.
- 성종현. 『신약총론』. 서울: 장로회신학대학 출판부, 1992.
- 이한수. 『비유와 해석학』. 서울: 한국로고스연구원, 1989.
- 전경연. 『마태의 신학』. 서울: 한국성서학 연구소, 2003.
- 홍창표. 『하나님 나라와 비유』. 서울: 합동신학대학원출판부, 2004,
- Aiken, W. "A Continental Divide in Scripture Interpretation(Matthew 13,33). The Parable of the Leaven." Bibliotheca Sacra 95, 1938.
- Allis, O. T. "The Parable of the Leaven" Evangelical Quarterly 19, 1947.
- Bacon, B. W. "The 'Five Books' of Matthew against the Jews", The Expositor, 8th Series 15, 1918.
- Derette, J. D. M. "Law in the New Testament: The Treasure in the

Field(Mt 13:44)" ZNW. 54, 1963.

- Grerhardsson, B. "The Seven Parables in Matthew ⅩⅢ" New Testament Studies vol. 19, 1972.

- Smith, C. W. F. "The Mixed State of the Church in Matthew's Gospel" JBL. vol. 82, 1963.

- 성종현. "하나님의 나라와 예수의 비유언어"『교회와 신학』제21권, 1989.

    "신약의 하나님 나라"『목회와 신학』제24호, 1991.

    "예수와 하나님 나라"『기독교사상』1986. 6.

    "파라볼레-예수의 비유" 기독교사상』통권365호, 1989. 5.

마태복음(상)

초판인쇄일 _ 2020년 11월 20일
초판발행일 _ 2020년 11월 20일

펴낸이 _ 임경묵
펴낸곳 _ 도서출판 다바르

주소 _ 인천 서구 건지로 242, A동 401호(가좌동)
전화 _ 032) 574-8291

지은이 _ 임경묵 목사
　　　　 연세대학교 신학과 졸업
　　　　 장로회신학대학교 신대원 졸업(M.Div.)
　　　　 장로회신학대학교 대학원 졸업(Th.M.)
　　　　 현) 주향교회 담임목사
　　　　 현) 다바르 말씀학교 원장

기획 및 편집 _ 장원문화인쇄
인쇄 _ 장원문화인쇄

ISBN 979-11-970294-5-5